주시경

글쓴이 **김학선**

경기도 이천에서 태어났다. 경향일보 신춘문예에 동화가 당선되면서 문단 생활을 시작했으며 해강아동문학상과 한국동화문학상을 수상하였다. 초등학교 교과서 집필위원을 지냈으며, 현재는 한국문인협회와 한국아동문학인협회 회원으로 있으며, 숭의여자중학교 교감 선생님으로 재직하고 있다. 지은 책으로는 《말썽꾸러기 갈게》《꽃새》《엄마의 뜰에는》《채송화 나라의 나팔수》《초등학생이 꼭 읽어야 할 한국사 이야기》 들이 있다.

감수자 **김광운**

경기도 시흥에서 태어나 한양대학교 사학과와 같은 학교 대학원을 졸업했다. 현재 국사편찬위원회에 재직 중이며, 한겨레통일문화연구소 연구위원, 민주화운동기념사업회 자문위원으로 활동하고 있다. 한양대학교와 한신대학교, 조선대학교, 서울교육대학교 등지에서 학생들을 가르치고 있다. 지은 책으로는 《통일 독립의 현대사》 들이 있다.

주시경
우리가 잊지 말아야 할 독립운동가 5

3판 1쇄 발행 | 2019년 8월 5일
3판 2쇄 발행 | 2023년 9월 30일

지 은 이 | 김학선
감 수 자 | 김광운
펴 낸 이 | 정중모
펴 낸 곳 | 파랑새
등   록 | 1988년 1월 21일 (제406-2000-000202호)
주   소 | 경기도 파주시 회동길 152
전   화 | 031-955-0670 팩 스 | 031-955-0661
홈페이지 | www.bbchild.co.kr
전자우편 | bbchild@yolimwon.com

ⓒ 파랑새, 2003, 2007, 2019
ISBN 978-89-6155-855-6 74910
     978-89-6155-850-1 (세트)

• 책값은 뒤표지에 있습니다.
• 저작권자와 출판사의 허락 없이 이 책의 일부 또는 전체를 인용하거나
  발췌하는 것을 금합니다.

어린이제품안전특별법에 의한 제품 표시
제조자명 파랑새 | 제조년월 2023년 9월 | 제조국 대한민국 | 사용연령 10세 이상

주시경

김학선 글 | 김광운 감수

파랑새

추천사
삶의 등대가 되어 주는 역사 인물

'도로시'라는 미국의 교육학자는 '아이들은 사는 것을 배운다'라는 유명한 시를 남겼습니다. 그 내용은 다음과 같습니다.

만일 아이가 나무람 속에서 자라면 비난을 배웁니다.
만일 아이가 적개심 속에서 자라면 싸우는 것을 배웁니다.
만일 아이가 비웃음 속에서 자라면 부끄러움을 배웁니다.
만일 아이가 수치심 속에서 자라면 죄의식을 배웁니다.
만일 아이가 관대함 속에서 자라면 신뢰를 배웁니다.
만일 아이가 격려 속에서 자라면 고마움을 배웁니다.
만일 아이가 공평함 속에서 자라면 정의를 배웁니다.
만일 아이가 인정 속에서 자라면 자기 자신을 좋아하는 것을 배웁니다.
만일 아이가 받아들임과 우정 속에서 자라면 세상에서 사랑을 배우게 됩니다.

이 아름다운 시처럼 우리들의 아이들은 끊임없이 세상에서 무엇인가 배우고 있습니다. 자라나는 아이들에게 사는 것을 배우게 하는 가장 좋은 방법은 무엇일까요? 그것은 아마도 우리나라가 낳은 조상들 중에서 훌륭한 업적을 이룩하신 역사적 인물들을 배우고 그 인물들을 통해서 그들의 애국심과 남다른 인격을 본받는 것입니다. 지금까지 어린 아이들을 대상으로 하는 위인전은 많이 있었지만 이번에 발간한 인물 이야기처럼 이제 막 인격이 성숙하기 시작하는 초등학교 고학년에서부터 사춘기에 이르는 중학생을 상대로 한 인물 역사책은 거의 없었던 것으로 알고 있습니다. 사실 이런 책들은 역사를 인식하고 역사적 인물을 이해할 수 있는 연령을 대상으로 하였을 때, 비로소 그 빛을 볼 수 있다고 생각합니다.

꼭 알아야 할 역사적 인물을 선정해서 발간하는 이 책은 우리 아이들에게 무한한 자부심과 희망과 꿈을 키워 줄 것입니다.

그리고 이 책은 역사학자들의 철저한 감수와 고증을 거쳐 역사적 사실이 흥미 위주로 과장되거나 주관적인 해석으로 왜곡되지 않고 정확하게 전달되도록 온 힘을 기울였습니다.

존경하는 인물을 한 사람 가슴에 품고 자라난 아이들은 가슴 속에 하나의 등대를 갖고 있는 항해사와 같습니다. 아이들의 먼 인생 항로에서 언제나 꺼지지 않는 등불이 되어 절망과 역경에 이르렀을 때도 그 앞길을 밝혀 주는 희망의 등불이 될 것입니다.

자라나는 아이들은 미래의 희망입니다. 그들에게 사는 것을 가르치기 위해서는 아이들이 살아갈 조국, 내 나라 내 땅을 위해 땀과 피와 목숨을 바친 훌륭한 역사적 인물들의 씨앗을 우리 아이들의 가슴 속에 뿌려 주는 일일 것입니다. 그 씨앗은 아이들 가슴 속에서 무럭무럭 자라나 마침내 아름다운 꽃과 무성한 열매를 맺게 될 것임을 저는 의심치 않습니다.

이어령 전 문화부 장관

지은이의 말

　세종대왕이 한글을 만들어 펴낸 때는 1445년입니다. 물론 그때는 '한글'이라는 이름을 쓰지는 않고 '훈민정음'이라는 말을 썼지요. 훈민정음이란 '백성을 가르치는 바른 소리'라는 뜻을 지닌 말이었습니다. 그러니까 세종대왕이 훈민정음을 만들어 낸 이유는 간단합니다. 그 당시 쓰고 있던 중국의 한자는 백성들이 배우고 익히기에 어렵다는 것입니다. 그래서 세종대왕은 백성들도 배우기 쉽고 쓰기 쉬운 글자인 한글을 만들었지요.
　그러나 세종대왕이 만들어 낸 한글은 불행하게도 수백 년 동안 버려진 자식처럼 취급을 받아 왔지요. 글공부를 하는 많은 사람들이 한글을 우습게 보고 중국의 한자만을 받들어 써 왔기 때문입니다. 한글은 천한 백성들이나 배우는 글이라 하여 업신여기기까지 했습니다. 그러다 보니 한글은 궁중의 여자들이나 천한 백성들에 의해 조금씩 쓰였을 뿐입니다.

그러다 결국 우리나라는 일본에게 나라를 빼앗기고 말았지요. 나라를 빼앗기고 보니 비로소 우리말과 글의 소중함을 깨닫게 된 것입니다. 일제는 우리 민족의 정신까지 빼앗아 가고 있었으니까요.
　물론 일제는 주시경의 한글 보급 운동을 많이 방해했지요. 한글 보급 운동을 통해서 자연히 나라 사랑의 마음도 키워 주었기 때문입니다. 나라가 있어야 말과 글이 있는 것이고, 말과 글이 있어야 민족이 하나로 뭉쳐질 수 있을 테니까요. 일제의 방해 속에서도 주시경은 열심히 우리 한글을 연구하고 보급하다 결국은 39세의 젊은 나이로 세상을 떠나고 말았습니다. 주시경은 일찍 세상을 떠났지만 한글 연구와 보급은 거기서 끝나지 않았습니다. 그에게서 배운 제자들이 한글 연구와 보급 운동을 펴 나간 것이지요. 그리하여 마침내 오늘 우리가 쓰고 있는 자랑스러운 한글이 된 것입니다. 우리 한글은 만들어진 지 수백 년이 넘는 역사를 갖고 있습니다. 그러나 실제로 우리가 자랑스럽게 쓰기 시작한 때는 100년도 채 되지 않습니다. 그 동안 우리 조상들이 잘못 생각하여 한자만을 고집하며 써 왔기 때문입니다.
　한글은 우리 민족의 얼이 담긴 글자입니다. 다시 말해 우리 민족의 혼을 담은 그릇이라 할 수 있습니다. 한글은 어느 나라에 내놓아도 자랑스러울 정도로 과학적이고 실용적인 글자라고 알려져 있습니다. 어려운 환경에서도 꿋꿋이 우리 한글을 지키며 연구하여 발전시킨 주시경 선생을 본받아 우리도 한글을 더 갈고 닦는 일에 힘써야 할 것입니다.

김학선

차례

추천사　　　　　　　　　　　　4
지은이의 말　　　　　　　　　　8

1. 하늘을 만져 보려는 아이　　　12
2. 무릉골에도 봄은 왔는데　　　　27
3. 큰아버지를 따라 서울로　　　　39
4. 한문은 정말 배우기 어려워　　　50
5. 머리를 자르고 배재학당으로　　60
6. 서재필 선생과 함께　　　　　　73

7. 독립신문사에서 일하며　　　　86
8. 위기를 맞은 독립협회　　　　96
9. 영국 공사관으로 피신하다　　　106
10. 폭력배들의 습격 사건　　　　115
11. 한글 사랑 나라 사랑　　　　129
12. 주 보따리 한글 선생님　　　139
13. 별은 어둠 속으로 떨어지고　　155
14. 민족의 영원한 스승　　　　171

1. 하늘을 만져 보려는 아이

　위대한 한글학자요, 교육자이며, 애국 지사이기도 한 주시경(어릴 때 이름은 상호)은 우리 역사에 길이 빛날 이름이다. 특히 그의 한글에 대한 사랑과 연구는 남달랐으며, 또한 우리 국어사상 커다란 업적을 남겼다.
　1881년은 상호가 여섯 살이 되던 해이다.
　이 시기를 흔히 조선 후기(구한말)라고 하는데, 일본을 비롯한 여러 나라들은 슬금슬금 우리 나라를 빼앗아 보려고 기회만 엿보던 때였다. 그야말로 매우 위태롭고 중요한 시기였으나 나라 안팎 사정은 혼란스러웠다.
　오늘도 동네 아이들은 상호네 집으로 모여들었다. 집에 있으니 심심하고 엉덩이가 들썩거려 가만히 앉아 있을 수가 없었던 것이었다.
　"상호야, 우리 노올자."
　"그래, 우리 재미있게 노올자."
　아이들은 밖에서 상호를 숨이 차게 불러 댔다. 상호의 귀가 번쩍 들렸다. 그렇지 않아도 상호는 글공부를 마치고 지금 방에서 뒹굴며 하릴없이 시간만 보내고 있었으니까 말이다. 그런데 친구들이 찾아오다니, 이보다 더 반가운 일이 어디 있으랴.

"너희들 심심하니까 왔구나!"

상호는 짚신을 발에 걸며 마당으로 내려섰다. 기다렸다는 말은 차마 못하고 친구들을 보자 좋아서 입만 저절로 헤 벌어졌다.

"그래, 우리 심심한데 재미있게 같이 놀자."

아이들은 상호를 둘러싸며 졸랐다.

"그래 좋아. 그럼 오늘은 무슨 놀이를 할까, 술래잡기 할까?"

"그건 재미없어. 어제 했잖아."

누군가 고개를 흔들었다.

"그럼 공차기를 하자."

"공이 어디 있어? 어제 다 망가졌는데……."

하긴 공도 어제 다 망가져 버렸다. 짚으로 엮어 만든 공이라 몇 번만 차고 놀면 금세 해지고 말았으니까.

"그럼 우리 집짓기 놀이나 하자."

상호는 주위를 둘러보며 표정들을 살폈다.

"집짓기 놀이?"

"집짓기 놀이가 뭔데?"

"어른도 아닌데 우리가 어떻게 집을 짓니?"

아이들은 고개를 갸우뚱거리며 잘 모르겠다는 표정이었다.

"수수깡으로 만드는 집 말야. 저기 수숫대가 많이 있잖아."

상호는 바깥으로 나서며 뜰 한쪽에 수북하게 쌓여 있는 수숫대를 가리켰다. 아이들은 그제야 고개를 끄덕였다.

"그래, 그럼 우리 집짓기 놀이를 하자."

아이들은 모두 좋다고 소리치며 키 크고 쭉 뻗은 수숫대를 몇 개씩 가져왔다. 먼저 줄기에 말라붙어 있는 잎을 떼어 훑어 낸 다음, 수숫대의 마디마디를 잘 꺾었다. 그리고 이빨로 수숫대 껍질을 물어 죽죽 뜯어냈다.

"야, 조심해. 잘못하면 너희들 수숫대 껍질에 입술 베인다."

상호는 조심하라고 아이들에게 주의를 주었다. 정말이지 조심하지 않으면 날카로운 수숫대 껍질에 입술을 베이기 십상이기 때문이다.

"그래, 알았어."

아이들은 열심히 수숫대 껍질을 벗겨 냈다. 잘못 벗긴 껍질은 버리고, 잘 벗겨진 것만 골라 모았다.

"야, 누가 더 멋진 수수깡집을 짓나 내기하는 거다!"

"그래 좋아."

"내가 제일 멋지게 지어야지."

"치, 내가 더 멋지게 지을 거야."

아이들은 수숫대 껍질을 다듬어 집을 만들기 시작했다. 껍질과 껍질을 수수깡으로 잇고, 또 위로 쌓아 올리며 아이들은 한동안 아무 소리 없이 집 만드는 일에 골몰하였다.

손재주가 있는 상호는 역시 한 수 위였다. 다른 아이들보다 더 멋지고 큰 집을 만들어 가고 있었다. 그런데 다른 몇몇 아이들은 수수깡집이 제대로 만들어지지 않아 골탕을 먹었다. 기껏 만들어 놓으면 기울어지고 부서졌다.

"에이 참……."

집이 만들어지지 않자 코흘리개 진표는 신경질을 냈다. 상호의 멋진 수수깡집을 보니 더욱 부아가 치밀었다.

"얘들아, 다른 놀이 하자. 이거 재미없다!"

진표는 코를 훌쩍 들이마시며 누군가 같이 따라 주기를 바랐다.

"……."

그러나 열심히 만들고 있는 아이들은 아무 대답도 하지 않았다. 상호만큼은 못 만들지만 그래도 나름대로 멋진 집을 만들어 가고 있었던 것이다.

"야, 그게 집이냐?"

코흘리개 진표는 괜히 심술이 났다. 자기가 만들지를 못하자 친구들이 만들고 있는 집을 보며 입을 삐죽거렸다. 하긴 상호가 만들고 있는 수수깡집이 멋진 기와집이라면 다른 아이들이 만드는 집은 시골 오두막집 같았다. 아이들의 반응이 시원치 않자 진표는 더욱 신경질이 났다. 그래서 코를 더욱 훌쩍거렸다. 그 바람에 누런 코가 들락날락거리는 것이 보였다.

"에구 더러워, 웩!"

다른 아이들이 얼굴을 찡그리며 고개를 돌렸다.

"임마, 너만 잘하는 놀이를 하냐?"

코흘리개는 드디어 심술이 나서 상호가 만들고 있는 멋진 수수깡집을 발로 툭 찼다. 그 바람에 상호의 수수깡집 한 귀퉁이가 무너졌다.

애써 만들어 가는 수수깡집 한 귀퉁이가 무너지자 상호는 화가 치밀어 올라 소리를 빽 질렀다.

"왜 그래?"

"내가 뭘?"

코흘리개는 모르는 일인 척 시치미를 뗐다.

"네가 발로 차서 망가졌잖아?"

"웃기네. 임마, 네가 잘못하고 왜 나한테 그래?"

"뭐라고?"

상호는 마침내 코흘리개의 멱살을 움켜쥐었다.

"엇쭈! 요게 그냥……."

코흘리개도 기다렸다는 듯이 상호의 목을 감싸 안았다.

"야, 싸우지 마!"

"싸우면 혼나."

아이들이 소리치며 뜯어말렸지만 소용이 없었다. 벌써 두 아이는 흙바닥에 뒹굴고 있었다.

그때였다.

"이놈들, 거기서 뭐하는 짓이냐? 사이좋게 놀지 않고 왜들 싸워!"

이웃집에 사시는 아저씨가 다가오며 소리쳤다.

"아니, 이 녀석들이 대낮부터 웬 싸움질이냐?"

아저씨의 호통에 상호와 코흘리개는 싸움을 그칠 수밖에 없었다. 하지만 두 아이는 식식거리며 서로 눈을 흘겨보고 있었다.

"아니, 그런데 누가 남의 수숫대를 가져다 이런 장난을 치느냐?"

아저씨의 호통에 아이들은 그만 겁에 질려 어깨를 움츠렸다. 고개를 떨군 채 아무도 대답을 못하고 아저씨 눈치만 살피는 것이었다.

"누가 이런 장난을 치자고 했느냐 말이다?"

아저씨는 무서운 눈으로 아이들을 노려보며 소리쳤다. 아이들은 겁에 질려 아무 말도 못하고 있었다.

"제가 가져다 놀자고 그랬어요. 쟤들은 잘못한 거 없어요."

상호는 혼날 것 같았지만 용기 있게 나서서 말했.

수수깡으로 집짓기 놀이를 하자고 말한 사람은 자기였으니 비겁하게 꽁무니를 빼서는 안 된다고 생각했다. 아저씨의 무서운 눈빛이 상호에게 날아가고, 잠깐 무거운 고요가 흘렀다. 다른 아이들은 곁눈질로 아저씨의 다음 행동을 힐끔힐끔 살폈다. 보나마나 아저씨가 큰 소리로 상호를 야단치든지 아니면 따귀라도 한 대 갈겨 줄 것이기 때문이었다.

그런데 아저씨의 눈길은 상호에게서 아이들이 만들다 만 수수깡집으로 향하는 것이었다.

"집짓기 놀이를 하고 있었나 보구나."

주위를 둘러 본 아저씨의 말투는 의외로 부드러워지고 있었다. 아이들은 손가락을 입에 문 채 고개를 끄덕였다.
"저건 누가 만들었느냐?"
아저씨는 상호가 만들고 있던 수수깡집을 가리켰다. 아이들은 대답 대신 상호를 바라봤다. 아저씨의 눈길이 자기에게로 돌아오자 상호는 가슴이 덜컹 내려앉았다.
'이젠 정말 혼나나 보다.'
상호는 눈을 지긋이 감았다. 그런데 그게 아니었다.
"흠, 손재주가 아주 훌륭하구나! 집짓기 놀이를 하고 있었나 본데 그럼 싸우지 말고 잘 놀아라."
아저씨는 주위를 한번 둘러보고 그냥 가 버렸다. 상호는 물론 아이들도 눈이 휘둥그레졌다. 혼이 날 줄 알았는데, 오히려 칭찬을 받았으니 말이다.

어느덧 상호는 여덟 살(1883년)이 되었다.
상호가 살고 있는 무릉골에도 따뜻한 봄은 어김없이 찾아왔다. 산과 들에는 쌓였던 눈이 녹아 내리고 새싹이 돋아나며 꽃이 피기 시작하였다. 겨우내 움츠리며 살았던 아이들은 따뜻한 봄이 오자 엉덩이가 간질거려 앉아 있을 수가 없었다.
"야, 우리 놀러 가자."
"어디로?"
"덜렁봉에 가면 꽃이 많이 피었을 거야."

"그래, 가 보자."

상호를 비롯한 아이들은 서당에서 공부를 마치고 나오자 소리쳤다. 나른한 봄 날씨에 졸음이 쏟아져 공부하기가 힘들었는데, 밖에 나오니 정신이 번쩍 나고 살 것만 같았다. 머리 위의 파아란 봄하늘은 아이들을 부르고 있었다.

'하늘은 무엇으로 만들어졌을까?'

상호는 머리 위의 하늘을 올려다보았다. 색깔이 고운 봄하늘이었다. 상호는 갑자기 저 파란 하늘을 한번 만져 보고 싶다는 생각을 했다. 그러나 하늘은 지금 너무 높은 곳에 있지 않은가.

'덜렁봉 위에 가면 하늘을 만져 볼 수 있을 거야.'

상호는 앞산의 덜렁봉을 바라보았다. 그 덜렁봉 위에는 파란 하늘이 살며시 내려와 쉬고 있었다. 덜렁봉 위에 가면 저 파란 하늘을 확실히 만져볼 수 있을 것 같았다. 그래서 상호는 아이들을 꾀었다.

"우리 저기 덜렁봉까지 올라가 보자."

상호는 하늘을 이고 있는 덜렁봉을 가리켰다.

"거기를 왜 가?"

어떤 아이가 물었다.

"우리 거기 가서 하늘을 만져 보자."

"하늘을 만져 보자고?"

상호의 말에 아이들 눈이 동그래졌다.

"하늘이 너무 멋지지 않니? 하늘을 만져 보면 어떨지 궁금해."

"맞아. 하늘을 만져 보면 어떨까?"
"거울처럼 딱딱할 거야."
"아냐. 비단 같이 보드라울 거야."
아이들은 고개를 젖혀 하늘을 올려다보며 저마다 떠들어 댔다.
"그러니까 우리 저 덜렁봉에 가 보자."
상호가 다시 친구들을 꾀었다. 하지만 아이들은 얼른 대답을 하지 않았다. 호기심은 있지만 덜렁봉까지 갔다 올 생각을 하니 너무 힘들 것 같았기 때문이다.
"우리 한번 가 보자."
상호는 아이들을 보고 재촉을 했다.
"거기 가면 정말 하늘을 만져 볼 수 있어?"
"그래, 저기 봐. 하늘이 덜렁봉 위에 있잖아."
상호는 덜렁봉을 가리켰다. 정말이지 덜렁봉은 파란 하늘을 머리 위에 이고 있었다. 그러니 덜렁봉까지 오르기만 하면 틀림없이 하늘을 만져 볼 수 있을 것 같았다.
"그래, 좋아. 우리 같이 가 보자."
아이들이 좋다고 하자 상호는 앞장서서 덜렁봉을 향해 산을 오르기 시작했다. 봄이 오고 있는 산골짜기에는 울긋불긋 진달래꽃이 한창이었다.
"야, 저기 좀 봐라. 진달래꽃이 많이 피었다!"
"와, 정말이다! 너무 예쁘다, 그치?"

"저기는 더 많다!"

아이들이 가리키는 산등성이에는 분홍색 진달래꽃이 새색시처럼 수줍게 얼굴을 붉히고 앉아 있었다.

"진달래꽃 맛있다! 우리 진달래꽃 따 먹자."

"그래. 나도 먹어 봤어."

아이들은 우르르 달려들어 진달래꽃을 따 먹기 시작했다.

"상호야, 뭐 해? 너도 얼른 와서 따 먹어."

아이들이 소리쳤다. 얼마나 따 먹었는지 아이들은 벌써 입술이 잉크빛처럼 파랬다.

"그만 따 먹고 얼른 가자. 덜렁봉에 올라가야지."

"조금만 더 따 먹고."

"너 혼자 갔다 와라. 우리는 여기서 놀며 기다릴게."

"그래. 올라가는 거 힘드니까 우린 여기서 기다릴게. 얼른 갔다 와."

아이들은 아예 진달래 밭에 앉아 놀 생각인 모양이었다.

"너희들 정말 하늘 만져 보고 싶지 않아?"

상호는 약이 올라 빽 소리를 쳤다.

"올라가는 거 힘들잖아. 우리 여기서 놀고 있을 테니까 빨리 갔다 와."

상호가 아무리 불러도 아이들은 나오지 않았다. 친구들의 마음이 금세 변한 것이다.

'좋아. 가기 싫으면 나 혼자라도 올라가서 만져 보고 올 거야.'

상호는 혼자서라도 올라가기로 마음먹었다. 한 번 마음먹은 일을 중간에 바꾸는 아이들이 싫었다.

상호는 혼자서 부지런히 산을 올랐다.

'아이고, 힘들다!'

상호의 콧잔등에는 벌써 땀방울이 송글송글 맺혔다. 올라갈수록 산은 더 가파랐다. 한참을 올라온 것 같은데 아직도 덜렁봉은 저만치 있

었다.

'빨리 올라가서 하늘을 만져 보고 내려와 아이들에게 자랑해야지.'

친구들에게 자랑할 욕심이 생기자 상호는 기운이 났다. 그래서 다시 힘을 내어 산을 올랐다.

'와, 다 올라왔다!'

상호는 덜렁봉 꼭대기에 올라 만세를 불렀다. 그리 높은 산은 아니었지만 처음으로 올라와 보는 덜렁봉이었다. 무릉골 마을이 한 폭의 그림처럼 눈에 들어왔다.

'그런데, 하늘은 어디로 갔지?'

상호는 깜짝 놀랐다. 덜렁봉 위에 있던 하늘이 보이지 않는 거였다. 고개를 들고 위를 바라보니 하늘은 저 높은 곳에 있었다. 무릉골 산 아래에서 보던 하늘보다 덜렁봉 위에서 보니 하늘은 더 푸르고 넓기만 했다.

'어떻게 된 거지?'

상호는 고개를 젖힌 채 하늘에 흘러가는 구름을 바라보았다. 마치 뒤통수를 한 대 얻어맞은 기분이었다.

'내가 잘못 생각한 거야. 여기 와서 보니 하늘은 저렇게 끝없이 더 높고 넓기만 한데 말이야.'

상호는 높은 하늘을 보며 고개를 끄덕였다. 세상의 일이 그렇게 눈에 보이는 대로 간단하지 않다는 것을 깨닫게 되는 순간이었다. 상호는 비로소 세상일에 대해 조금씩 눈을 떠 가게 되었다.

2. 무릉골에도 봄은 왔는데

　황해도 봉산은 우리 나라에서 탈춤으로 유명한 곳이다. 이 황해도 봉산군 쌍산면 무릉골에서 상호는 1876년, 아버지 주학원 씨와 어머니 전주 이 씨의 둘째 아들로 태어났다. 상호네 집안은 경상북도 상주 주(周) 씨로 조선 시대 그 유명한 학자 주세붕의 후손이기도 하다. 할아버지 때에는 황해도 평산군 인산면 차돌개라는 곳에서 살았었는데, 아버지 때에 다시 무릉골로 옮겨 와 살기 시작했다.

　상호가 태어나던 1876년은 역사적으로 매우 중요한 해였다. 이 해에 일본군이 군함을 몰고 와 우리 나라와 강제로 '강화도 조약(병자 수호 조약)'이라는 것을 맺었으니 말이다.

　그러니까 이보다 일 년 앞선 1875년, 일본군은 운요호 등 군함 5척을 이끌고 불법으로 강화도까지 올라온 사건이 있었다. 이때만 해도 우리 나라는 아직 나라의 문을 외국에 열지 않던 시기였다. 그런 가운데 일본 군함과 강화도를 지키고 있던 우리 나라 포대 사이에 싸움이 일어나게 되었다.

　결과는 우리 나라의 패배였다. 군사나 무기 면에서 비교가 되지 않을 정도로 뒤진 우리 포대는 큰 손해를 입고 물러서야 했다. 이것을 '운요호 사건'이라고도 하며 '강화도 사건'이라고도 한다.

일본군은 이를 빌미로 삼아 다음 해인 병자년(1876년)에 다시 군함들을 몰고 와 위협을 하며 우리 나라와 강제로 조약을 맺게 하였던 것이다. 이미 힘으로 눌려 버린 우리 나라는 어쩔 수가 없었다.

이렇게 해서 맺어진 강화도 조약은 그 동안 닫았던 우리 나라의 문을 여는 출발점이 되기도 하였지만, 다른 한편으로는 일본에게 침략의 기회를 줄 수 있게 되어 나중에는 결국 나라를 빼앗기게 되는 역사적 불행을 가져오게 하였다.

이러한 역사의 소용돌이가 몰아치기 시작하던 해에 태어난 상호에게는 재미있는 태몽 이야기도 전해진다.

상호가 태어나기 전이었다.

하루는 어머니 전주 이 씨가 꿈을 꾸게 되었는데, 갑자기 머리와 수염이 하얀 노인이 나타나서 무엇인가를 주는 것이었다.

"그게 무엇이옵니까?"

전주 이 씨는 놀라서 물었다.

"연적(벼루에 먹을 갈 때 쓰는, 물을 담아 두는 그릇)일세. 남편이 이것을 찾을 것이니 그때 주게나."

백발 노인의 말에 전주 이 씨는 공손히 연적을 받았다. 그리고 고개를 들어 보니 노인은 벌써 온데간데없이 사라졌다.

'이상한 꿈이로구나!'

전주 이 씨는 잠을 설치다 아침을 맞았다.

남편 주학원은 마을에서 아이들을 모아 글을 가르치는 훈장 노릇을 하고 있었다. 비록 벼슬은 못 하였지만 대대로 선비 집안답게 어려서부터 글공부를 많이 하였던 주학원은 마을 사람들의 존경을 받는 분이기도 하였다.

"여보, 어젯밤에 이상한 꿈을 하나 꾸었는데 얘기해도 괜찮을까요?"

전주 이 씨는 잠자리에 들며 남편 주학원의 눈치를 살폈다.

"이상한 꿈? 허, 그거 재미있겠는데 어서 말해 보시오."

주학원은 입을 크게 벌리며 놀라는 표정을 지었다.
"혹시 별다른 꿈이 아니라도 나무라지 마세요."
"아, 알았소. 어서 말해 보오."
남편의 말에 용기를 얻어 전주 이 씨는 입을 열었다.
"글쎄 지난 밤에 꿈 속에서 갑자기 머리와 수염이 하얀 노인이 나타나지 않겠어요?"
"백발 노인이?"
"네. 그러더니 품 안에서 연적을 하나 꺼내 주며 당신이 찾을 테니

주라는 거예요."

"내가 연적을 찾을 테니 주라고……. 으음……."

주학원은 잠시 생각에 잠기는 듯했다.

"태몽이구려. 아들을 얻게 될 것 같소."

주학원은 빙그레 웃음을 머금으며 말했다.

"태몽이라구요?"

전주 이 씨도 태몽이라는 말에 고개를 끄덕였다.

"연적은 선비들이 글공부할 때 쓰는 물건이오. 여자들이 쓸 물건이 아니잖소? 사내아이가 분명하오. 연적이라……, 허허, 아마도 글재주가 뛰어난 녀석이 태어나려나 보오."

주학원은 혼잣말을 하며 싱글벙글 좋아서 기쁨을 감추지 못했다.

남편 주학원의 말에 기쁘기는 부인도 마찬가지였다. 현재 남매를 두고 있지만 아들 하나가 더 태어난다고 하니 어찌 기쁘지 않겠는가. 더구나 글재주가 뛰어난 사내아이가 태어날 것 같다고 하니 말이다.

그 뒤 열 달이 다 차서 전주 이 씨는 정말 사내 아기를 낳았는데, 이 아기가 바로 주상호, 즉 주시경이다. 주 씨 가문에 맏이인 시통(時統)에 이어 둘째 아들로 태어난 것이다.

주시경이 태어나던 그 해는 흉년이었다. 일본 군함이 몰려와 강화도 조약이라는 것을 맺으며 나라가 시끌시끌하더니 흉년까지 들어 온 나라가 뒤숭숭하였다. 거기에다 흉년은 다음 해로 이어지며 더욱 심했다. 비가 오지 않아 보리 농사와 벼 농사 다 망쳐 버린 것이다.

"하늘도 무심하시지. 어찌 이렇게 비 한 방울 안 내려 보내 주시나!"

"글쎄 말이네. 이젠 모두 굶어 죽게 생겼네."

농민들은 들판에 서서 가뭄에 말라 죽어 버린 곡식들을 바라보며 탄식을 했다.

"여보, 어떻게 좀 곡식을 얻어다가 아이들 죽이라도 끓여 먹입시다."

아내는 남편인 주학원을 졸랐다. 어른이야 그런 대로 참을 수 있지만 아이들이 배가 고파 울고 있는 것은 차마 눈 뜨고 볼 수 없었던 것이다. 더구나 이젠 아기에게 줄 젖도 점점 줄어들고 있으니 이대로 가다가는 큰일이었다.

"흐흠, 어찌 난들 그걸 생각해 보지 않았겠소. 하지만 이 흉년에 곡식이 남아 있는 집이 어디 있으며 혹 남아 있다 한들 어느 집에서 쉽게 내주겠소?"

주학원은 밖으로 나와 긴 한숨을 몰아쉬며 하늘을 올려다보았다. 마을에서 훈장 노릇을 하고 있지만 흉년이 들다 보니 훈료(훈장에게 내는 수업료의 옛말)를 내지 못하는 집이 늘어났다. 그러다 보니 가뜩이나 가난하고 쪼들린 살림이 더욱 궁색해졌다. 하늘이 비를 내려 주지 않아서 생긴 일이니 누구를 원망하고 탓할 수도 없는 일이었다.

먹을 것이 떨어진 사람들은 이제 산에 가서 칡뿌리와 나무 껍질을 벗겨 와 목숨을 이어갔다. 그나마 그것도 구하지 못해 굶어 죽은 사람도 있고, 나무 껍질만 씹어 먹다가 몸이 부어 죽는 사람도 나왔다.

"이러다 다 죽겠네."

"우리 아이들은 어쩌나?"

어른들은 눈물을 흘리며 살기 위해 몸부림쳤다. 그런 가운데 어린 상호도 어머니의 젖이 말라 잘 나오지 않는 바람에 끼니를 거르는 적이 여러 번 있었다. 그러다 보니 말 못하는 아기는 몇 번이나 기절을 하며 죽을 고비를 넘겼다.

"쯔쯧, 어쩌다 어린 자식을 굶겨야 하는 지경까지 되었는가?"

아버지 주학원은 가슴이 미어지는 듯했다. 어머니와 누나가 산과 들에 나가 도라지와 나물을 캐고, 그것으로 죽을 쑤어서 나눠 먹긴 하지만 하루에 한 끼도 해결하기가 어려운 형편이었다. 하지만 아기 상호는 성격이 온순해서인지 잘 울지도 않고 보채지도 않았다. '안순이' 라는 별명은 이때 붙은 것이다.

그런 가운데에 시통, 시경에 이어 셋째 아들 시강과 넷째 아들 시종이 연년으로 태어나고 막내인 둘째 딸도 태어났다. 가뜩이나 어려운 살림인데 식구는 점점 늘어나니 가정 형편은 더욱 쪼들릴 수밖에 없었다. 선비인 아버지 주학원이 해마다 과거 시험을 보기 위해 글공부를 해야 하기 때문에 집안일을 돌보기란 어려운 일이었다.

상호가 열 살 되던 해였다. 상호는 나물을 캐기 위해 누나를 따라 들로 나갔다. 한 사람이라도 힘을 모으면 좀더 많이 캘 수 있을 것이기 때문이었다. 봄이라 그런지 들판에는 파란 새싹들이 파릇파릇 돋아나 있었다. 그러나 들에는 캐려고 하는 달래가 눈에 띄지 않았다.

"누가 벌써 다 캐 갔나?"

"글쎄, 왜 이렇게 없지?"

누나와 상호는 들판을 쏘다니며 달래를 찾기에 바빴다. 하긴 너도 나도 들로 산으로 돌아다니며 나무 껍질을 벗기고 나물을 캐니, 그것도 쉽게 남아날 리가 없었다.

누나와 상호는 한참을 돌아다녀 보았지만 캐 모은 달래는 시원치 않았다. 어머니가 저녁거리를 기다리고 계실 텐데 걱정이었다.

"어떻게 하지, 엄마가 기다리실 텐데……."

누나가 조바심이 나서 바구니를 들여다보며 걱정을 했다.

"누나, 우선 이것만 먼저 집으로 가지고 들어가서 엄마에게 드릴까?"

상호도 걱정스러운 표정으로 누나에게 물었다.

"응, 그래. 그게 좋겠다. 엄마가 기다리실 테니 우선 네가 먼저 갖고 들어가. 나는 좀더 캐 가지고 들어갈게."

누나는 상호의 말에 고개를 끄덕였다.

상호는 누나가 캔 달래까지 받아서 자기 바구니에 담아 집으로 발걸음을 돌렸다.

"누나, 많이 캐."

"그래. 얼른 가 봐. 엄마가 기다리고 계실 테니까."

누나는 빨리 가라고 손짓을 해 보였다.

상호는 돌아오는 길에 냇가에 주저앉았다. 달래를 물에 씻기 위해서였다. 달래 뿌리에 붙어 있는 흙을 씻어서 가져가면 엄마가 더 좋아하실 것이라 생각했다.

봄이지만 아직 냇물은 얼음같이 차가웠다. 차가운 물이 닿으니 손이 시렸다. 상호는 호호 손에 입김을 불어넣으며 달래를 다 씻었다. 그나마 많지도 않은 달래였기에 금세 끝날 수가 있었다.

"어디 보자. 그게 뭐냐? 오, 달래를 씻고 있었구나!"

상호가 막 일어서려는데 등뒤에서 갑자기 말소리가 들려왔다. 상호는 깜짝 놀라 돌아서며 낯선 두 사람을 살폈다. 모두 갓을 쓰고 도포를 입긴 하였으나 차림새와 얼굴이 허기진 모습이었다.

"얘야, 그 달래 조금만 얻을 수 없겠니?"

선비 하나가 상호를 내려다보며 물었다.

상호는 대답을 못하고 잠시 망설였다. 집에서 기다리실 어머니 생각을 하니 아까워 얼른 대답을 할 수가 없었다. 그러나 아버지의 얼굴이 떠올랐다. 아버지의 가르침은 가난하고 굶주리는 이웃을 살피라는 것이었다. 그래서 상호는 바구니째 두 사람에게 내밀었다. 두 사람은 상호가 씻은 달래를 바구니에서 집어 입에 넣고 씹기 시작했다. 허겁지겁 먹는 모습에서 그들이 얼마나 배가 고팠는지를 알 수 있었다. 한 반쯤 먹었을까, 두 사람은 바구니를 도로 내놓았다.

"너희도 배가 고파 이것을 먹으려고 캐 가는 것일 텐데 우리가 어떻게 이것을 다 먹을 수 있겠느냐? 아주 잘 먹었다. 정말 고맙구나."

두 선비는 상호의 머리를 쓰다듬어 주고는 다시 바쁜 걸음으로 길

을 갔다.

집에 돌아온 상호는 어머니에게 냇가에서 있었던 이야기를 말씀드렸다.

"그분들이 얼마나 배가 고팠으면 어린 네가 씻은 달래를 달라고 했겠느냐. 우리는 다시 캐서 먹으면 될 것이니 너는 얼른 다시 가서 다 드리고 오너라."

상호의 이야기를 들은 어머니는 바구니를 다시 내주었다. 상호는 어머니의 말씀대로 바구니를 들고 선비들이 간 길을 뒤따라갔다. 그러나 한참을 뛰어서 뒤따라가도 선비들은 보이지 않았다. 상호는 할 수 없이 터덜터덜 걸어서 돌아와 어머니에게 다시 말씀을 드렸다.

"어머니, 그분들을 찾지 못했습니다."

"그래, 수고했구나. 네가 나간 뒤 내가 잠시 밖에 나가 보니 그 사람들이 옆집에 와 먹을 것을 구하더구나. 마침 옆집에 눌은밥이 있어 내주니 고맙다고 인사를 하며 먹고 떠났다. 어쨌든지 그 사람들이 굶지 않고 다시 길을 떠났으니 되었다. 이제 그건 우리가 먹자."

어머니는 상호를 꼬옥 안아 주었다. 아버지의 훌륭한 가르침과 어머니의 따뜻한 마음은 어린 상호의 가슴에 깊이 간직되었다.

3. 큰아버지를 따라 서울로

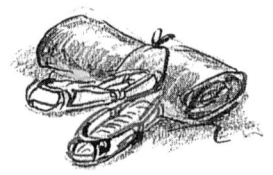

　아버지가 무릉골의 훈장이었던 상호는 다른 아이들보다 일찍 서당에서 한문 공부를 하게 되었다. 상호는 아버지의 가르침에 따라 열심히 배우며 한문을 깨쳐 나갔다. 아버지가 서당의 훈장이기 때문에 더 열심히 공부하지 않으면 안 되었다.
　"야, 훈장님의 아들이 공부도 못하냐?"
　이런 소리를 들으면 창피하고 부끄러울 테니까…….
　아버지 주학원은 가난하기 때문에 늘 쪼들리며 살았지만, 그 가난을 이웃 사람들에게 불평 삼아 말하거나 탓하는 법이 없었다. 가족에게도 마찬가지였다. 가난했지만 훈장으로서 언제나 단정한 차림과 품위를 잃지 않았으며, 늘 부드럽고 따뜻한 표정과 목소리로 사람들을 대했다. 마을 사람들이 훈장인 주학원을 존경하는 것도 아마 그 때문이었을 것이다. 그런 아버지를 어린 상호는 늘 존경했고 또 어려워했다.
　상호는 어려서부터 손재주도 뛰어났다. 글공부를 하면서도 여덟 살 때에는 산의 나무를 찍어다가 지게를 만드는 솜씨까지 보였다. 그런가 하면 짚신을 삼아 팔아서 양식을 사 어려운 살림을 보태는 모습도

보였다.

어느 날은 동네 어른한테서 조그만 엿 한 조각을 얻게 되었다.

"어서 먹어라!"

"네. 지금 배가 이상해서 조금 후에 먹을게요."

상호는 엿을 손에 들고 꾸물거렸다. 동네 어른이 가자 상호는 엿을 감춘 채 집으로 돌아왔다. 밤이 되어 잠자리에 들게 되자 상호는 몰래 어머니가 누워 계신 곳으로 살금살금 다가갔다.

"누구니?"

누군가 옆으로 파고들자 어머니는 작은 소리로 물었다.

"엄마, '아' 해 보세요."

상호는 엄마 옆으로 몰래 누우며 속삭였다.

"왜 그러니?"

"글쎄, 하여튼 '아' 해 보세요."

"아."

어머니가 입을 벌리자 상호는 몰래 숨겨 왔던 엿을 어머니 입에 쏙 넣었다.

"엇, 이, 이게 뭐……?"

어머니는 갑자기 입에 무엇이 들어오자 깜짝 놀랐다. 상호는 얼른 어머니의 입을 손바닥으로 막았다. 어머니는 터져 나오려는 웃음을 참으며 상호를 꼭 끌어안았다.

상호가 열세 살(1888년)이 되던 어느 해의 일이었다.

서울에서 큰아버지 주학만이라는 분이 갑자기 내려오셨다.

"아이구 형님. 소식도 없이 갑자기 어쩐 일이십니까? 미리 연락이라도 좀 주시고 내려오시지 않구요."

아버지는 형님을 보자 맨발로 마당까지 나와 큰아버지를 반갑게 맞이했다.

"어서 오세요, 아주버님."

어머니도 부엌에서 일하다 말고 나와 공손히 머리를 숙였다.

"아, 예. 그래 동생 그 동안 별일 없었는가?"

큰아버지는 어머니에 대해서는 말을 높였다가 아버지를 보고는 다시 말을 낮추었다.

"그럼요, 시골에서야 뭐 별일이 있겠습니까? 그저 형님 덕분에 잘 지내고 있습니다. 어서 안으로 오르십시오."

"어흠, 그러세."

큰아버지는 큰기침을 한 번 하고는 방으로 들어섰다.

"얘들아, 다들 들어오너라. 큰아버지께 인사를 드려야지."

아버지는 아이들을 모두 불렀다.

"시통이부터 큰아버지께 큰절을 올리도록 해라."

"예."

맏이인 시통이 큰아버지께 넙죽 엎드렸다.

"얘가 맏이인 시통입니다."

"허어, 그 동안 많이 컸구나."

"상호, 큰절 올려라."

아버지가 상호를 바라보셨다. 상호는 형인 시통이 물러나자 큰아버지를 한 번 바라보고는 넙죽 엎드려 큰절을 올렸다.

"이 아이가 상호던가?"

"네, 형님. 둘째인 상호입니다."

큰아버지는 유난히 상호의 모습을 요모조모 살폈다. 상호의 공손한 모습을 보시고 고개를 끄덕이며 입가에 빙그레 웃음을 지어 보이기도 하였다.

큰아버지 주학만은 일찍이 서울에 사는 안동 권 씨 집에 장가를 들었다. 거기서 처가에 얹혀 살며 남대문 시장에서 해륙 물산 위탁 판매업을 하고 있었다. 바다에서 나는 생선이나 말린 오징어, 멸치, 미역 같은 건어물과 밤, 대추, 호도 같은 과일을 파는 일이었다.

처가 덕분에 별로 어려움 없이 여유 있게 살아오던 큰아버지 주학만은 2남 1녀의 아들 딸을 두었으나 지난번 서울에 전염병이 돌았을 때 그만 다 잃고 말았다. 자식 하나를 잃어도 슬프고 가슴 아픈 일인데, 삼 남매를 모두 잃었으니 주학만의 슬픔은 이루 말할 수가 없었다.

무엇보다도 큰 문제는 대를 이어 갈 아들이 없다는 것이었다. 대를 잇지 못하면 조상에게 큰 불효를 저지르는 일이라고 당시 사람들은 대부분 그렇게 생각하였다. 이 다음에 죽어서 저세상으로 가 조상들을 뵐 면목이 없다는 것이다. 술로 세월을 보내며 탄식과 고민을 거듭하던 주학만은 마침내 동생에게 찾아와 의논을 하게 된 것이다.

"그러니 동생 어쩌겠나? 대를 끊을 수는 없고, 그렇다고 지금 다시 아이를 낳아 키울 수도 없으니 말일세."

"그렇군요. 그 동안 얼마나 마음 아프게 지내셨습니까, 형님?"

"말도 말게. 사는 게 아니었지. 그러나 어쩌겠나? 그래도 살 궁리를 해야 하지 않겠나?"

"암요, 사셔야지요. 마음 단단히 잡숫고 사셔야지요."

아버지는 형님의 마음을 위로했다.

"그래서 말인데 동생, 내 부탁이 하나 있어 왔네."

"말씀하십시오, 형님. 형님의 부탁을 제가 어찌 거절할 수 있겠습니까?"

"자네 둘째 상호 말일세. 내가 양자로 들였으면 하는데……."

"……."

아버지는 잠시 대답을 하지 않았다.

"내가 데려다 잘 키우겠네. 자네도 알다시피 우리 살림이 궁색하진 않으니 상호를 데려다 고생은 시키지 않을 걸세. 상호를 위해서도 그게 낫지 않겠나?"

"잘 알겠습니다. 형님이 원하신다면 그리해야지요."

아버지는 마침내 승낙을 하고 말았다. 형님의 사정도 사정이지만, 상호를 위해서도 그 편이 나을 듯싶었기 때문이다. 말은 나면 제주도로 보내고 사람은 나면 서울로 보내라 하지 않았던가.

저녁상을 물리고 나서 아버지는 가족들을 안방으로 불러 모았다. 식구들은 무슨 일인가 하여 모두 조심스럽게 안방으로 모여들었다.

"거기들 모두 앉아라. 아주 중요한 얘기를 해야겠다. 나도 소문을 듣긴 하였지만 지난번 서울에는 몹쓸 전염병이 돌았다는구나. 그 병으로 많은 사람들이 죽었다는데, 불행하게도 그때 큰아버지께서는 너희들 사촌을 모두 잃었다고 하시는구나."

"네에? 조카들이……?"

어머니는 놀라 입을 벌린 채 벌써 눈물을 흘리고 있었다.

"자식을 잃은 슬픔이 얼마나 큰지 너희들은 아직 모를 것이다. 그동안 큰아버님 마음이 얼마나 아프셨겠느냐?"

"……."

잠시 무거운 침묵이 흘렀다.

"그래서 말이다. 어떤 일이 있어도 집안의 대가 끊겨서는 안 될 것이고……, 그래서 너희들 큰아버지께서 일부러 내려오셨다. 상호를 양자로 들이시기 위해……."

"네에?"

상호는 깜짝 놀라 고개를 들고 아버지를 바라보았다. 갑자기 가슴이 철렁 내려앉고 뒤통수를 한 대 얻어맞은 기분이었다.

"여보, 상호가 아직 어린데……."

놀란 것은 어머니도 마찬가지였다. 그래서 아버지의 말씀을 가로막고 나섰다.

"당신은 잠자코 있으시오. 아이들 앞에서……."

아버지는 어머니에게 한 번 눈에 힘을 주어 째려보았다. 그러자 어머니는 고개를 떨구고 어쩔 줄을 몰라했다.

식구들은 모두 상호를 바라보고 표정을 살폈다. 아버지는 말씀을 계속 이었다.

"그래. 너를 위해서도 그게 좋은 일이 될지 모르겠다. 서울의 큰아버님 댁은 살림이 어렵지 않으니 네가 지내며 공부하기에는 아주 좋을 것이다. 어찌 이곳에다 비하겠느냐?"

"그래, 상호야. 이 큰아버지가 너를 데려다 잘 키워 주마. 좋은 훈장 밑에서 공부도 시켜 주고 말이다. 걱정하지 말아라."

큰아버지가 불안해하는 상호를 달랬다.

"너의 큰아버지가 너를 자식으로 들이시겠다는데 걱정할 일이 무엇이냐? 너도 알다시피 자식이 없으면 조카들 중에서 양자를 들이는 것이 우리 풍습이지 않더냐?"

아버지의 말씀에 상호는 어머니와 형제들을 번갈아 둘러보았다. 어머니는 슬픈 표정으로 승낙하라고 눈짓을 가볍게 보내 왔다. 부모님과 형제자매들, 그리고 친구들과 떨어져야 한다고 생각하니 상호는 갑자기 가슴이 탁 막혔다. 그러나 어찌 아버지의 말씀을 거역할 수 있으랴.

"네, 아버지. 그렇게 하겠습니다."

상호는 아버지 앞에 고개를 숙였다.

"그래, 잘 생각했다. 큰아버님께서 잘 키워 주실 게다. 서울 올라가면 큰아버님과 큰어머님을 친부모처럼 모시고 효도를 다해야 한다. 내일 당장 큰아버님과 함께 떠날 채비를 하여라. 그럼 물러들 가거라."

"예에? 내일 당장 떠나라고······."

가족들 모두는 눈이 휘둥그레졌다. 하지만 누가 감히 아버지의 말씀을 어길 수 있으랴.

안방을 물러 나온 식구들은 모두 말이 없었다. 누나는 벌써 눈가가 빨개지고 있었다. 어머니도 옷고름으로 눈물을 찍어 내고 있었다.

이튿날, 상호는 아침을 일찍 먹고 옷을 갈아입은 다음 아버지, 어머니께 큰절을 올렸다.

"그래. 부디 양부모님께 효도 잘하고 훌륭한 사람이 되어라."

아버지의 말에 어머니는 고개를 돌리고 눈물로써 인사를 대신했다.

"아버님, 어머님. 안녕히 계십시오. 소자, 아버님 말씀대로 꼭 훌륭한 사람이 되겠습니다."

상호는 인사를 마치고 방을 나섰다. 문밖에서 형제들과 자매들이 기다리고 있었다.

"상호야, 잘 가."

"형, 시골에 자주 내려와."

"응. 누나도 형도, 그리고 너희들 모두."

상호는 형제자매들을 한 번씩 꼭 안으며 마지막 인사를 나누었다.

"큰아버님 밖에서 기다리신다. 어서 나서거라."

아버지가 바쁘게 재촉했다. 상호는 쏟아지려는 눈물을 억지로 참으며 큰아버지를 따라 서울로 향했다. 이때가 상호의 나이 열세 살이었으니 1888년 3월의 일이었다.

4. 한문은 정말 배우기 어려워

서울의 큰아버지 댁으로 온 상호는 한동안 마음을 잡지 못했다. 낯선 환경도 환경이지만 눈을 감으면 고향의 부모님과 형제자매들이 떠오르고 친구들 모습이 나타나 마음을 빼앗아 가곤 했다. 큰아버지 댁이 잘살아 혼자서 호강을 한다고 생각하니 고향에 계신 부모님과 형제자매들 모습이 눈에 밟혔던 것이다.

하지만 상호는 이렇게 고향의 그리움에만 빠져 있을 수 없다는 것을 조금씩 깨달아 가고 있었다. 그것은 고향을 떠나올 때 부모님이 당부하신 말씀을 어기는 것이었고 형제들이 거는 기대를 무너뜨리는 것이었다. 그래서 상호는 입술을 깨물었다.

서울에 온 지 얼마 되지 않아 상호는 드디어 서당에 다니게 되었다. 그러나 처음으로 서당에 가서 공부를 하고 돌아온 상호는 그만 실망하지 않을 수 없었다. 우선은 공부를 하러 오는 아이들이 모두 장사꾼의 자녀들이거나 벼슬이 없는 중인의 자녀들이었다. 그러다 보니 공부하는 자세도 바르지 못하고, 또 열심히 하려고 하지도 않았다. 거기다 훈장님이 가르쳐 주시는 내용도 고향에 있을 때 이미 아버지한테서 다 배웠던 것이라 상호의 마음을 채워 주지 못했다.

'서당을 옮겨 달라고 해 볼까?'

상호는 생각해 보다가 이내 접고 말았다. 며칠 다녀 보지도 않고 큰아버지께 그런 말씀을 드리면 보나마나 좋은 소리를 못 들을 것 같았다. 그렇다고 나만 위해 수준을 높여 가르쳐 달라고 훈장님께 말씀드릴 수도 없는 노릇이었다.

'할 수 없다. 아는 것이라도 차근차근 다시 배우자.'

상호는 이내 마음을 다시 잡았다. 이미 배운 내용이라도 다시 복습하다 보면 또 새로운 것을 알 수 있을 것이라고 생각했다.

그렇게 마음을 잡고 열심히 서당에 다니던 어느 날이었다.

수박 다리 아래에 진사 이회종이라는 훌륭한 선비가 살았는데, 그분이 자기 집에서 아이들을 모아 놓고 가르친다는 소문을 들었다. 그래서 상호는 집으로 돌아오는 길에 물어물어 그 집을 찾아갔다. 이 진사의 집은 과연 양반 집답게 멋지고 컸다. 그러나 상호는 그런 것이 눈에 들어오지 않았다. 집 안에서 무슨 소리가 들려오지 않나 귀를 세운 채 빙빙 돌며 몰래 안을 엿보았다.

과연 사랑방에서는 몇몇 아이들의 글 읽는 소리가 낭랑하게 들려왔다. 가만히 들어보니 서당에서 읽는 글과는 수준이 다른 높은 것이었다. 글 읽는 소리 또한 힘차고 또렷했다. 상호는 단번에 마음이 끌렸다.

'나도 여기서 배울 수는 없을까?'

상호는 진사 댁을 몇 바퀴 돌며 글 읽는 소리를 듣다 집으로 돌아왔

다. 이상한 일이었다. 한번 마음을 진사 댁으로 빼앗기게 되니 서당에서 공부를 해도 집중이 되지 않았다. 집으로 돌아갈 때면 자기도 모르게 어느새 진사 댁으로 발길이 옮겨졌고, 거기서 이 진사가 가르치는 내용을 몰래 엿듣다 돌아오곤 했다.

그러기를 얼마나 했을까? 그 소문이 이 진사의 귀에 들어가게 되었다. 그래서 이 진사는 아이들을 시켜 무슨 일이냐고 알아 오게 하였다.

"무슨 일인데 남의 집을 기웃거리느냐?"

아이들은 뛰어나와 상호에게 물었다.

"아, 아냐. 그, 그냥 둘러본 거야."

상호는 깜짝 놀라 고개를 흔들며 변명을 했다.

"참 별난 애 다 보았네."

아이들은 곧 안으로 들어갔다.

'바보같이 왜 사실대로 말을 못했을까? 왜 진사 어른께 공부하고 싶다고 말을 못했을까?'

상호는 집으로 돌아오며 자기 머리를 쥐어박았다. 좋은 기회를 놓쳤다는 생각에 후회가 되어 어쩔 줄을 몰랐다. 이제 다시는 진사 댁을 찾아가지 못할 것 같았다.

그러나 다음 날 상호의 발걸음은 다시 진사 댁으로 향하고 있었다. 다음 날도, 또 다음 날도……. 밖에서 인기척이 나고, 또 그 아이가 왔을 거라는 짐작을 한 이 진사는 아이들을 내보냈다.

"나가서 그 아이가 또 와 있거든 데리고 안으로 들어오너라."

조금 후에 대문이 열리고 아이들이 뛰어나왔다.

"야, 너 좀 이리 와."

상호는 어슬렁거리다 깜짝 놀랐다.

"너 우리 따라와. 훈장님이 너를 데려 오래."

상호는 순간 잠시 망설였다. 그러나 마음을 단단히 먹었다. 진사 어른한테서 공부를 하고 싶으면 직접 뵙고 말씀을 드려야 할 것이기 때문이었다. 그런데 지금 그 기회가 오지 않았는가. 그래서 상호는 아무 소리 하지 않고 아이들을 따라서 안으로 들어갔다.

"너는 도대체 어디 사는 누구의 자식이길래 하루 이틀도 아니고 날마다 남의 집을 기웃거리느냐?"

진사 어른의 호령은 무서웠다. 그러나 각오하고 있던 상호는 두렵지 않았다. 어떻게든지 여기서 진사 어른의 눈에 잘 보여야 공부할 수 있다는 생각을 가졌기 때문이다.

"예, 저는 주상호라고 합니다. 본관은 상주이고, 아버님 함자는 학자 만 자이시며, 남대문에서 해륙 물산 위탁 판매업을 하십니다."

상호는 또박또박 자기 소개를 하고, 지금 서당에 다니고 있는데 진사 어른의 높은 이름을 듣고 배우고 싶어 여러 날 귀동냥을 하게 되었다고 솔직하게 말하며 배움을 달라고 간청을 했다.

"허어, 장사치 집안의 자식이구먼."

"예, 그러하옵니다. 하오나 진사 어른, 저는 꼭 진사 어른께 배우고 싶습니다. 거두어 주신다면 그 은혜를 잊지 않겠습니다."

상호는 기회를 놓칠까 봐 허리를 몇 번씩이나 굽히며 간청을 했다.
"네가 정말 나에게 글을 배우고 싶으냐?"
진사 어른은 고개를 숙이고 상호를 내려다보며 물었다. 말하는 것을 보니 아이가 꽤 영특하고 똑똑해 보였던 것이다.
"네, 진사 어른. 거두어만 주신다면 열심히 배우겠습니다."
"으음, 그렇다면 어디 들어와 보거라."
마침내 이 진사의 허락이 떨어졌다. 상호는 기쁜 마음으로 이 진사를 따라 사랑방으로 들어갔다.
이 진사는 방에 들어와 상호를 앞히고 나이, 가정 형편, 고향의 부모님과 서울의 양부모님 등에 대해서 꼬치꼬치 물었다. 상호는 이 진사가 묻는 대로 막힘 없이 솔직하게 술술 대답했다.
"그렇지. 본관이 상주라면 조상이 바로 그 유명한 학자 주세붕이 아

니더냐? 그 후손이니 똑똑하구나. 거기다 아버님이 지금 황해도에서 훈장이라 하셨지?"

"예, 진사 어른."

"그래, 이것도 인연이구나. 그럼 내일부터 여기 와서 머물며 공부하도록 하여라."

"감사합니다. 진사 어른."

상호는 기뻐서 넙죽 엎드려 절을 했다.

"그러나 한 가지 부탁할 것이 있다. 내 집에는 귀하신 분들이 많이 드나드는데, 혹시 누가 너에게 신분을 묻거든 나의 친구 평산 주 아무개의 아들이라고 하여라. 세상이 바뀌어 가도 아직 남의 눈과 귀가 있으니 말이다."

"알겠사옵니다."

상호는 진사 어른이 무엇을 걱정하는지 알고 있었다. 양반집 사람들만 드나드는 곳에 자기같이 신분이 낮은 장사꾼의 아들이 눈에 띄면 진사 어른의 체면이 깎이는 것이다. 이렇게 자기를 받아 준 것도 진사 어른이 크게 생각해서 은혜를 베풀어 준 것이니 어찌 아니 고맙겠는가. 이렇게 해서 상호는 진사 댁에서 머물며 열여덟 살(1893년)이 될 때까지 한문 공부를 하게 되었다.

해가 갈수록 한문 공부는 점점 더 어려워졌다. 한문 공부란 늘 그랬다. 먼저 한문의 글자를 한 자씩 소리 내어 읽고, 그 다음에 그 한자의 뜻을 말하고, 그리고 그 뜻을 해석하기 위해 다시 우리말로 번역해야 하는 과정을 거쳤다. 그래야 비로소 그 뜻이 이해되는 것이다.

　지금까지 상호는 아무 생각도 없이 훈장님이 하라는 대로 그렇게 공부했다. 그런데 곰곰이 생각해 보니 뜻을 이해하기까지의 과정이 복잡하고 그러다 보니 혼란스러웠다.

　'글은 말을 적으면 그만이다.'

　상호의 머리 속에 번개처럼 스치는 생각이었다.

　'그렇다. 글이란 말의 소리를 적은 것이다. 그런데 지금 우리는 말의 소리를 적은 우리글을 배우고 있지 않기 때문에 한문을 매번 우리말로 바꾸어서 공부하는 것이다. 그래서 한문은 배우기가 어려운 것이다. 한문은 공부를 보통 많이 한 사람이 아니면 한 번 보고 대번에 그 뜻을 알아차리는 사람이 별로 없다. 말을 적는 방법, 곧 글은 부호인데, 부호가 한자처럼 어렵고 거북해서 누가 이것을 쉽게 배우며 학문을 쉽게 이룰 수 있겠는가? 우리에겐 쉬운 우리글이 있지 않은가? 그런데 우리는 왜 쉬운 우리글을 두고, 굳이 남의 나라의 어려운 글을 배우려고 애쓰는가?'

　상호는 한문을 배워 가며 그 문제점을 서서히 생각하기 시작했다.

　'어려운 한문을 배우기보다 우리글을 배운다면 뜻도 쉽게 이해할 수 있고 배우기도 쉬울 것이다. 그런데 왜 우리글을 배우지 않는가? 그것은 세종 대왕이 우리글을 만들어 놓았는데도 사람들이 잘 쓰지 않았기 때문이다. 왜 쓰지 않았는가? 그것은 글을 쓰는 양반들이 우리 글을 우습게 여겼고, 또 우리글에 대한 연구를 제대로 하지 않아

서일 것이다. 쉬운 우리 글자를 두고서도 어려운 남의 나라 글자를 쓴다는 것은 부끄러운 일이 아닐 수 없다.'

상호는 비로소 우리 글자에 대한 눈을 뜨기 시작했다. 우리말과 글에 대한 연구를 해야겠다는 큰 뜻을 품기 시작한 것이다.

5. 머리를 자르고 배재학당으로

    1894년, 19세가 된 상호는 마침내 한문 공부를 그만두기로 결심했다. 새롭게 변화하는 시대에 눈을 뜨면서 아직도 한문 공부에 매달려 있다는 것은 공연히 세월만 허비할 뿐이라는 생각을 하게 된 것이다. 새 시대에는 새 시대에 맞게 배워야 한다는 것을 깨달았다.
    상호는 한문 공부를 그만 두고 잠시 시간을 내어 부모님이 계신 고향으로 내려갔다.
    "아버님, 어머님. 저 상호 왔습니다."
    상호의 말에 부엌에서 어머니가 뛰어나왔다.
    "아이구 이게 누구냐? 상호 아니냐? 어서 오너라."
    어머니는 훌쩍 커 버린 상호를 껴안으며 울음부터 터뜨렸다. 형제들이 나오고, 이어서 아버지가 문을 열고 나오셨다.
    "절 받으십시오, 아버님 어머님."
    상호는 넙죽 엎드려 큰절을 올렸다.
    "그래, 큰댁의 상황은 좀 어떠냐?"
    "별로 나아지지 않고 있습니다."

아버지는 말없이 고개만 끄덕였다. 큰댁의 가산이 기울어지고 있다는 소식을 벌써 들어 알고 있었기 때문이다.

"어떻게 소식도 없이 이렇게 내려왔니?"

어머니는 그저 반가움에 상호의 손을 잡고 놓지를 않았다.

"잠시 시간이 있어서 뵈러 내려왔습니다."

"그래, 잘 왔다. 푹 쉬었다 가도록 해라."

어머니는 저녁 준비를 위해 부엌으로 나갔다.

상호는 아버지와 마주 앉아 변화되어 가는 세상의 일에 대해 이야기를 나누었다. 그러면서 새로운 학문을 하기 위해서는 한문 공부를 그만 두고 신식 학교에 다녀야겠다는 말씀을 드렸다. 처음에는 깜짝 놀라던 아버지도 자세한 이야기를 듣고는 고개를 끄덕였다.

"우리같이 시골에 묻혀 사는 사람들이 뭘 알겠느냐? 이제 너도 나이를 먹고 했으니 네가 알아서 잘하겠지. 시대가 변하는데 뒤떨어지는 공부를 해서도 안 될 테니까."

아버지는 상호를 믿었다.

서울로 다시 돌아온 상호는 나라가 어지럽게 돌아가고 있음을 느꼈다.

"저 남쪽에서 동학란이 일어났다는군."

"농민들이 참다 못해 일어났다는 거야."

"벌써 남쪽을 동학도들이 다 차지했다는군."

"글쎄, 나라에서도 막을 힘이 없다지 뭐야."

"에그, 관리들이 엔간히도 백성들을 괴롭혔어야지."

사람들은 모이면 수군거렸다. 작년부터 남쪽에서 농민들이 반란을 일으켰다는 소문이 들리더니 마침내 사실로 확인되어 가고 있는 것이었다. 역사상 유명한 동학 농민 운동(1894~1895년)이었다.

동학은 1860년 최제우가 세운 새로운 종교이다. 외국에서 들어온 유교나 천주교 등이 백성들의 안식처가 되지 못하자 이에 맞서 우리 고유의 민중 종교를 부르짖으며 세우게 되었던 것이다. 오랜 세월 동안 부패한 관리들로부터 항상 빼앗기고 억압만 당하며 살아온 농민들에게 '사람은 곧 하늘이며, 누구나 평등하다.'는 사상을 내세운 동학은 호남 지방에서부터 백성들의 큰 호응을 얻으며 홍수에 물 불어나듯이 급속도로 퍼져 나가기 시작했던 것이다.

1890년대로 접어들어서도 관리들의 부패는 이전보다 더욱 심해졌

다. 지방 수령들이 무거운 세금으로 백성들을 괴롭히고, 거기에다 우리 나라에 들어와 있던 일본 상인들까지 비싼 이자 놀이로 농민들을 골탕 먹이며 재산을 빼앗았다.

  이에 살기가 어렵게 된 농민들은 관아를 찾아가 그 부당함을 지적하며 호소하기에 이르렀다. 그러나 관아에서는 교묘하게 백성들을 속이고 오히려 주동자들을 잡아서 매를 치고 옥에 가두어 버렸다. 이에 흥분한 농민들이 관아를 습격하는 사건이 일어나고, 백성들이 벌떼처럼 한꺼번에 일어서게 된 것이다.

  동학도들이 중심이 되어 일어난 이 운동은 충청, 경상도로 퍼져 나가고, 마침내 정부는 스스로의 힘으로는 이를 막을 수 없게 되자 청나라에게 도움을 요청하기에 이르렀다. 그러자 이에 질세라 요청하지도 않은 일본도 동학란을 진압한다는 이름으로 군대를 파견했다.

마침내 동학 농민 운동은 진압되었지만 우리 나라를 집어삼키려고 기회만 엿보던 청나라와 일본에게는 군대를 주둔시킬 수 있는 좋은 빌미를 제공해 주게 되었다. 우리 나라를 차지하기 위해 서로 으르렁거리던 청나라와 일본은 마침내 청일 전쟁(1894~1895년)을 일으키게 되었다.

이 전쟁에서 청나라는 보기 좋게 패하고 말았다. 이로써 청나라는 우리 나라에서 물러가게 되고, 이제 청나라의 눈치를 보지 않아도 되는 일본의 입김은 더욱 강해져 우리 나라에 대한 간섭이 더욱 심하게 되었다.

1894년 갑오년은 우리 역사상 중요한 의미를 지니는 해이기도 하다. 동학 농민 운동으로 시작된 나라의 혼란은 청일전쟁이 터지면서 더욱 소용돌이 속에 휘말렸다. 일본은 청일전쟁에서 승리를 거둔 후 마침내 갑오년의 개혁을 통해 우리 나라에 대한 정치 간섭을 시작하면서 그 음흉한 모습을 본격적으로 드러내기 시작했다.

청나라와의 힘 겨루기에서 일단 승리를 한 일본은 동학 농민 운동이 가라앉게 되자 본격적인 우리 나라의 제도 개혁을 들고 나왔다. 이른바 갑오개혁인데, 말은 우리 나라의 낡은 여러 제도를 새 시대에 맞게 고치도록 도움을 주겠다며 시작한 일이었지만 사실은 친일파들을 앞세워 우리 나라를 송두리째 집어삼키려는 음모가 숨어 있었던 것이다. 이로 인해 우리 나라는 여러 제도면에서는 근대화의 물결을 타며 새롭게 바뀌어 갔지만 결국 일본 앞에 힘을 잃어 가고 있었다.

그 무렵 서울에는 신식 학교가 하나 둘씩 세워지며 문을 열기 시작했다. 바야흐로 외국의 문물이 들어오고 있었던 것이다. 주로 코가 큰 외국인 선교사들에 의해 세워진 이들 학교는 지금까지 서당에서 한문만 배우고 있던 우리 나라 사람들에게는 아주 낯선 것이었다. 우선은 커다란 건물이 세워지고, 그 안에서 논어, 맹자 같은 한문을 배우는 것이 아니라 사회, 지리, 영어 같은 과목을 배우는 것이었다. 배재학당, 이화학당, 경신학교, 정신학교 등이 그런 학교였다.

신식 학교가 세워지긴 하였지만 처음에는 아무도 거기에 가는 학생이 없었다. 한문을 배워야지 신식 학교에서 이상한 것을 배워 어디에 써먹을 수 있겠느냐는 이유 때문이었다. 그래서 글 좀 아는 부모들은 자식들을 신식 학교에 보내지 않았다.

학생들이 오지를 않자 신식 학교의 선생님들은 거리로 나가 학생들을 불러모았다. 집집마다 찾아다니며 학생들을 보내 달라고 사정을 하기도 했다. 그래도 처음에는 학생들이 모이지를 않았다. 그래서 세 명, 다섯 명으로 시작한 학교가 대부분이었다.

'그래, 앞을 내다보자. 세상은 지금 놀랍게 바뀌고 있지 않은가. 과감히 틀을 깨자. 깨지 않고는 새로운 학문을 받아들일 수 없다.'

상호는 마침내 긴 머리를 잘랐다.

'몸과 털과 살갗은 부모로부터 물려받은 것이므로 이것들을 상하게 하지 않는 것이 효의 시작이다.'

당시만 해도 이런 유교적 사상이 사회의 중심을 이루고 있던 때였다. 그래서 머리는커녕 손톱도 함부로 자르지 못하는 시대였다. 머리를 자를 수 없기 때문에 혼인을 하여 어른이 되기 전에는 남자나 여자나 머리를 뒤로 길게 땋아 늘어뜨리고 생활했던 것이다. 그렇지 않으면 곧 부모에게 불효를 저지르는 일이니 어느 누가 감히 다른 생각을 할 수 있었겠는가. 조선 시대 유교 사상의 근본은 나라에 대한 충(忠)과 부모에 대한 효(孝)였다. 그 충과 효로 똘똘 뭉쳐진 유교 사상이 아직은 사회 깊숙이 뿌리를 내리고 있던 사회였다. 아무리 세상이 다르게 바뀌었다 해도 머리를 자르는 일은 부모님과 집안의 어른들 허락이 없으면 쉽게 안 되는 일이었다.

그런 시대에 상호는 용기 있는 결정을 내리고 긴 머리를 과감히 잘라 버린 것이다. 남들이 불효를 저지른 놈이라고 손가락질할지 모르지만 상호의 생각은 꿋꿋했다. 그런 생각은 이제 낡은 것이며, 낡은 생각을 깨뜨리지 않고는 새롭게 변해 가는 세상을 맞을 수가 없다고 판단했다. 이는 나중에 그의 제자였던 김윤경 선생이 말했듯이 선각자적 인격과 용기를 보여 준 일이었으며, 옳다고 깨달은 일이면 곧 실행하고, 실행하게 되면 끝을 보고야 마는 성격에서 나온 행동이었던 것이라 할 수 있다.

상호는 머리를 자르고 신식 학교인 배재학당(지금의 배재학교)의 만국지지과에 들어갔다. 배재학당은 1885년 8월 미국인 선교사 아펜젤러 목사가 세운 학교로 그 이름도 고종 황제께서 친히 내린 것이다. 만국지지과는 세계 여러 나라의 역사와 지리를 배우는 학과였으니 지

금의 세계사와 세계 지리를 합친 학과이다. 이곳에서 상호는 박세양, 정인덕 같은 선생님을 만나 서양식 교육을 통해서 새로운 시대가 요구하는 수학, 영어, 시사, 지리, 역사 등의 신학문을 공부할 수 있었다.

신학문은 정말 새로운 세상을 알게 했다. 서당에서 한문 공부를 통해 알 수 있었던 내용과는 전혀 다른 것이었다.

'이건 대단한 공부다!'

상호는 스스로 신학문을 공부하며 매일같이 감탄하고 있었다. 지금까지 알지 못했던 새로운 세계를 공부해 간다는 것이 신기하고 놀랍

기만 했다. 공부를 하면 할수록 신학문은 상호에게 굉장한 자극을 주었던 것이다.

"지금 문명이 발달하고 부강한 세계의 나라들은 모두가 자기 나라의 글을 갖고 있습니다. 그 나라들은 자기 나라의 글을 잘 사용하여 생활에 많은 편리함을 얻고 있습니다. 글은 나라를 발전시키고 생활을 편리하게 해 주는 아주 중요한 것입니다."

언젠가 수업 시간에 박세양 선생님과 정인덕 선생님이 해 준 이 말은 어린 상호의 가슴을 크게 흔들어 놓았다. 그렇지 않아도 쉬운 우리글을 두고 어려운 한문 공부만 하는 우리 현실에 대해 안타까움을 갖고 있었던 상호가 아니었던가.

'그렇다. 우리도 글이 있지 않은가. 왜 우리는 쉬운 우리글을 두고 어려운 한자만을 쓰려고 고집해 왔는가? 그것은 우리글을 업신여겼기 때문이다. 그러나 이것은 크게 잘못된 일이다. 우리글을 갖고 있다는 것은 얼마나 자랑스러운 것인가. 그렇기 때문에 세종 대왕이 우리글을 만들어 내신 것이 아닌가. 그런데도 우리 조상들은 잘못 생각해 왔다. 이는 정말 부끄러운 일이다. 우리글을 두고 남의 나라 글인 한자를 배우는 것이 어찌 부끄럽지 않으랴. 그러니 지금까지 우리 나라가 저 중국에 대해 기침 소리 한 번 못 내고 살아 왔으며, 이제는 또 일본의 손에 놀아나고 있지 않는가.'

상호는 두 주먹을 불끈 쥐었다.

'이제 우리도 정신을 차려야 한다. 남의 나라 글을 배우면 남의 나라 정신이 들어와 우리 정신을 눌러 버리는 것이다. 그러나 우리글을 배우고 쓰면 우리의 민족 정신이 남의 나라 정신을 물리치게 될 것이다. 그러면 우리도 외국의 다른 나라들처럼 부강하게 될 것이 아닌가.'

상호는 깊은 생각에 빠졌다.

'어찌해야 하는가, 어찌해야 하는가. 어떻게 해야 우리 백성들이 우리글을 사랑하고 쉽게 쓸 수 있는가. 그렇다. 우리글을 쉽게 쓰게 하기 위해서는 먼저 우리글에 대한 연구가 필요하다. 지금까지 누가 우리글에 대한 이렇다 할 연구를 제대로 한 분이 없지 않은가. 그러다 보니 그나마 우리글을 쓰는 사람들 조차 제각각 쓰고 있는 것이다. 언어란 통일되어 있어야 한다. 그래야 뜻이 서로 통하는 것이다. 우리의 말과 글에는 분명히 어떤 규칙이 있을 것이다. 그런데 그것을 사용해 오지 않았기 때문에 잊어버린 것이다. 아니, 언어는 세월이 가면서 변하는 것이라고 하지 않는가. 그렇다면 오랜 세월 동안 우리말도 변했을 터인데, 누군가 그런 것을 정리해 놓지 않아서 통일되지 않은 것이다. 그렇다. 먼저 우리글의 규칙을 밝혀 내는 일(문법)부터 시작해야겠다.'

상호의 가슴속에서는 뜨거운 불덩이가 타오르고 있었다. 이제 뭔가 앞이 보이는 것 같았다. 학교에서 영어를 배우게 되면서 상호는 또한 영어의 소리 글자에 대해 많은 관심을 갖게 되었다. 그것은 곧 우리 글자가 소리 글자라는 점에서 영어와 공통점을 지니고 있었기 때문이다. 다시 말해 같은 소리 글자라는 점에서 영어의 문법에 대한 설명을 우리글에 적용할 수는 없을까 연구하게 된 것이다. 상호가 드디어 한글에 대해 연구의 싹을 틔우는 순간이었다.

그때까지만 해도 우리글에 대한 연구는 이뤄진 것이 거의 없었다. 아니, 그런 생각조차 가진 사람이 별로 없었다고 보는 것이 옳을 것이다. 글공부를 하던 선비들은 대부분 우리글을 업신여기고 한문만을 써 오지 않았던가. 세종 대왕께서 글자를 만들어 낸 지가 이미 수백 년이 지났건만 우리글은 사실 내버린 채 돌보지 않는 자식이나 다름없었던 것이다. 이 버려진 자식이나 다름없는 우리글을 상호가 한번 연구해 보겠다고 다짐을 하는 것이었다. 이렇게 상호에 의하여 시작된 한글 연구가 오늘날 우리글에 대한 문법의 바탕이 되었으니 이는 우리 나라 국어 역사상 가장 위대한 일이라 하지 않을 수 없다.

그러나 상호가 이렇게 커다란 결심을 하고 실행에 옮길 무렵, 집안에 큰 어려움이 닥쳐왔다. 양자로 들어와 있던 큰댁의 살림이 기울어지면서 더 이상 학비를 지원받기가 어렵게 된 것이다. 공부는커녕 이젠 오히려 집안의 어려운 살림을 도와야 할 형편이었다. 그렇다고 시골의 부모님께 도와 달라고 부탁할 수도 없었다. 고향의 부모님은 더 큰 어려움을 겪고 있을 테니까.

시련이었다. 이제 확실한 목표를 정하고 공부를 하려니까 길이 막히는 것 같아 상호는 안타까웠다.

'여기서 포기할 수는 없어. 이제 겨우 내가 공부할 방향과 목표를

정하게 되었는데…….'
　상호의 결심은 오히려 굳어졌다. 공부를 하기 위해서 무슨 일이든 해야겠다고 생각하게 되었다. 일자리를 찾다가 다행이 배재학당의 인쇄소에서 일하게 되었고, 거기서 잡일을 거들며 학비를 보태 공부를 계속할 수 있게 되었다. 이 무렵 상호는 사는 곳도 남대문로 상동교회 옆의 작은 초가로 옮겨야 했다.

6. 서재필 선생과 함께

　1895년 8월, 상호는 탁지부(지금의 재정경제부)의 장학생으로 인천의 제물포에 있는 이운학교에 입학하게 되었다. 이운학교는 지금의 해양 학교 정도로 아마도 배를 타고 항해하는 데 필요한 여러 가지 항법 기술을 가르치는 학교였던 것으로 보인다. 상호가 배재학당을 그만 두고 이운학교로 옮기게 된 데에는 집안 형편이 너무 어렵고 힘들어, 나라에서 대 주는 돈으로 공부를 하여 항해술을 익히고 돈을 벌어야겠다는 생각 때문이었다. 안타까운 일이었지만 우리글에 대한 연구도 잠시 접어 두어야 했다.

　이운학교 속성과에 입학한 상호는 1년 뒤인 1896년 3월에 졸업을 하게 되어 본사에서 실습을 마치고 마산 지사로 발령을 받았다. 그러나 이때 나라에 변화가 생기며 회사가 없어져 발령이 취소되기에 이르렀다. 상호는 4월, 다시 배재학당에 입학하였다. 아무래도 돈을 버는 일은 하늘이 돕지 않는 것 같았다. 그래서 상호는 인쇄소에서 다시 잡일을 거들며 공부를 계속했다.

　이제 상호는 어느덧 스물한 살의 청년이 되어 있었다.

"상호야, 늦었다. 장가를 들어야 한다."

집안의 어른들은 벌써부터 장가를 들라고 성화였다. 그도 그럴 것이 당시에는 열대여섯 살만 되면 벌써 시집을 보내고 장가를 들이는 풍습이 이어지고 있었다. 그런데 상호는 스무 살이 훌쩍 넘어 버렸으니 집안에서 성화를 할 만도 했던 것이다. 지금으로 말하면 벌써 노총각이라는 소리를 들을 나이가 된 셈이었다.

"상호야. 마침 중매가 하나 들어 왔는데, 김포에 사는 김해 김 씨 성을 가진 얌전한 규수라 하더라. 기회는 자주 오는 게 아니다. 더 이상 늦어져서는 안 된다. 이번에는 일을 성사시키도록 하자."

상호는 부모님 말씀을 거역할 수가 없어 마침내 1896년 10월, 김포의 통진에 살고 있던 김명훈이라는 규수와 결혼을 하게 되었다. 상호는 결혼을 하였지만 공부에 대한 미련은 버리지 못했다. 그래서 색시는 집에 두고 다시 학교에 돌아와 인쇄소에서 일을 하며 공부를 계속했다.

정확하지는 않지만 상호는 이 즈음에 이름을 시경으로 바꾸었던 것 같다. 주상호가 혼인 전의 이름이라면 주시경은 혼인을 하고 어른이 된 후 바꿔 불렀던 것으로 보인다. 따라서 이제부터는 주상호를 주시경으로 바꿔 부르도록 하는 것이 좋을 듯하다.

1895년 10월에 나라에서는 또 엄청난 일이 터졌다. 이른바 '을미사변'이라고 하는 사건이었다. 이 사건으로 인해 온 나라가 뒤숭숭하고 국민들이 모두 분해 부르르 떨고 있었다.

사건은 이러했다. 당시 우리 나라 조정은 청나라, 러시아, 일본의 세력 앞에 이리저리 휘둘리고 있었다. 그렇기 때문에 조정의 대신들도 친청파, 친러파, 친일파로 나뉘어 있었다. 대신들은 서로 권세를 잡기 위해 싸우며 각각 청나라나 러시아, 일본의 힘을 빌리게 되었다. 그러니 나라는 외국 세력이 서로 싸움을 벌이는 곳이나 마찬가지였다. 그 혼란 속에서 우리 나라 조정은 처음에 일본의 세력에 넘어갔다가, 다시 청나라 세력으로 넘어가고, 다시 일본의 세력으로 넘어와 이제는 친일파들이 권세를 잡고 일본의 조종을 받아 나라를 움직이고 있었다. 고종 황제가 있었지만 그분에게는 아무런 힘이 없었다. 그냥 말만 황제일 뿐이었다. 나라를 다스리는 힘은 친일파 대신들이 갖고 있었고, 또한 그들 뒤에는 일본이 있었던 것이다.

이때에 우리 나라에 와 있던 일본 공사 미우라는 엄청난 일을 저지르게 되었다. 밤에 몰래 일본 부랑배들을 경복궁에 들여보내 고종 황제의 부인인 명성 황후(민비)를 죽이고 비단 홑이불에 싸서 불에 태워 죽이는 사건을 저지른 것이다. 이유는 민비를 중심으로 한 일파가 조정에서 친일파 세력을 몰아내기 위해 러시아 세력과 손을 잡으려는 것에 대한 보복이었다. 참으로 기가 막힐 노릇이었다. 남의 나라에 와 있는 관리가 그것도 다른 사람이 아닌 그 나라의 황후를 죽이고 불태워 버렸다는 것은 있을 수 없는 일이었다. 이것은 일본의 교만이자 우리 나라에 대한 멸시였다. 국민들은 거리로 뛰쳐나와 분노했고 울부짖었다. 그러나 힘없는 나라의 백성은 일본에 대해 맞설 수가 없었다.

이 혼란의 시대를 바라보며 주시경은 배재학당에서 이를 부드득 갈

았다. 그런 엄청난 일을 당하고서도 아무 대항도 할 수 없는 나라가 부끄럽고 자기 자신이 원통했다. 이 모두가 나라의 힘이 없기 때문이었다. 서재필 박사와의 만남은 바로 그 무렵이었다.

서재필은 일찍이 일본에서 유년 학교를 졸업하고 국내로 돌아왔다가 다시 미국으로 건너가 워싱턴 대학에서 의학 공부를 하고 돌아온 분으로 새로운 생각을 지닌 분이었다.

그러니까 상호가 아직 어릴 때인 10년전쯤 1884년 갑신년의 일이었다. 김옥균, 박영효, 홍영식, 서재필 같은 젊은 사람들이 힘을 합쳐 큰 사건을 일으킨 적이 있었는데, 그게 바로 '갑신정변' 이라고 하는 일이었다.

갑신정변은 일본 세력을 등에 업고 우리 나라를 확 바꿔 보겠다는 젊은 사람들(개화파)에 의해 저질러진 일종의 혁명이었다. 이로 인해 개화파들은 반대파 대신들인 청나라 세력을 몰아내고 3일 동안 정권을 잡았으나, 청나라 군대의 도움을 받은 반대파들에 의해 다시 정권을 빼앗기게 되었다.

이렇게 되자 갑신정변을 주도한 김옥균을 비롯한 젊은 개화파들은 죽음의 길로 내몰렸다. 이른바 역사에서 얘기하는 '3일 천하'로 갑신년의 개혁(정변)이 실패로 돌아간 것이다. 반역으로 몰리게 된 이들 젊은 개화파들은 살기 위해 간신히 일본으로 망명하고, 서재필 역시 일본을 거쳐 미국으로 망명하였다. 그 사이 그의 가족들은 모두 참혹한 죽음을 당하고 말았다.

미국의 워싱턴 대학에서 의학 공부를 마치고 병원에서 세균학을 연구하던 서재필은 청나라를 등에 업고 있던 민 씨 일파가 무너지고 새 정부가 들어서자 1895년 10월 귀국하게 되었다. 서재필은 귀국해서 한때 배재학당에서 학생들을 가르친 적이 있었다. 갑신정변 때는 일본의 힘을 빌어 우리 나라의 낡은 여러 제도를 새롭게 바꿔 보려고 시도했었지만, 이제는 우리 나라를 빼앗으려는 일본의 흉계에 맞서게 되었다.

"나라의 주인은 백성들입니다. 백성들이 배우지 못해 무식하면 주인 노릇을 제대로 할 수가 없습니다. 그러기 위해서 많은 백성들이 배워야 합니다. 똑똑하고 유식한 백성들이 많아져야 나라를 지키게 되고, 완전한 독립 국가 행세를 할 수 있습니다."

서재필은 학생들에게 독립의 중요성을 강조했다. 자기가 공부한 미국과 비교할 때, 우리 나라가 얼마나 뒤떨어져 있고, 우리 국민이 얼마나 배우고 있지 못한가를 깨달았기 때문이다. 더구나 일본이 지금 우리의 주권을 다 빼앗아 가고 있는데도 우리 국민은 제대로 이 일을 알지 못하고 있는 것이다. 이대로 가다가는 얼마 가지 않아 나라를 송두리째 빼앗길 것이 불 보듯 뻔한 일이었다.

주시경이 서재필에게 큰 자극과 도전을 받은 것은 그의 귀국 연설 때였다. 서재필은 귀국 연설에서 갑신정변 때의 상황을 이야기하게 되었는데, 당시 정부 관리들의 부정부패와 잘못된 정치를 지적하면서 안경을 벗고 손수건으로 눈물을 닦았다. 그의 연설에는 진정으로 나라를 걱정하는 마음이 담겨 있었고, 그래서 주시경뿐만 아니라 다른 사람들도 큰 감명을 받았던 것이다.

그 후 주시경이 배재학당에서 서재필에게 가르침을 받게 되었으니 큰 행운이었다. 그는 서재필로부터 신학문과 함께 독립의 중요성도 함께 배웠다. 특히 고학을 하고 있던 주시경에게 서재필이 주는 격려의 말은 남다른 것이었으며 힘이 되었다.

"이보게, 주 군. 공부하느라 고생이 많군그래. 그러나 그 고생을 참고 견디면 좋은 날이 올 걸세. 인내는 쓰나 그 열매는 달다고 하지 않았나?"

"잘 알고 있습니다, 선생님. 고생이라 생각하지 않고 열심히 하겠습니다."

"암 그래야지. 나도 미국에서 공부할 때에 식당에서 접시 닦는 일부터 시작해서 신문 배달까지 안 해 본 일이 거의 없다네. 어렵고 힘든 일이지만 참고 견디게. 더구나 자네는 내가 알기에 우리글에 대한 연구를 해 보겠다는 걸로 알고 있는데 그 얼마나 훌륭한 일인가. 자네도 알다시피 우리는 그 동안 우리글이 있었으면서도 남의 나라 글을 빌어 써 오지 않았나. 부끄러운 일이지. 세종 대왕께 얼굴도 들지 못할 일이야."

"그렇습니다, 선생님."

"우리의 말과 글 속에는 우리 민족의 얼과 정신이 스며 있네. 지금 나라가 얼마나 혼란스럽고 위태로운가. 이러한 때에 자네가 우리

글에 대한 연구를 해 보겠다고 결심한 것은 매우 중요한 일일세. 우리가 빨리 외세로부터 벗어나고, 나라의 독립을 온전히 지키려면 국민 모두가 깨어 있어야 하네. 그런데 국민을 깨우치려면 한문이 아닌 우리글로 해야 한다는 말이지. 그래야 우리 국민의 정신이 하나로 모아질 수 있지 않겠는가. 그런 점에서 자네가 지금 하려고 하는 일이 얼마나 중요한 일인지 잊어서는 안 되네."

"잘 알겠습니다. 선생님의 깨우침을 잊지 않겠습니다."

"고맙네. 어떤 어려운 일이 있더라도 포기하지 말고 꼭 이루기를 바라네."

서재필은 주시경의 어깨를 감싸 안으며 힘을 실어 주었다.

뿐만 아니라 주시경이 민주주의에 대해 눈을 뜨게 된 것도 서재필로부터였다. 세상이 바뀌고 새 정부가 들어섰을 때 서재필은 정부의 초청을 받아 미국인 고문관 자격으로 귀국하게 되었다. 계약은 10년 기간이었다. 그는 미국 망명 시절 한국 사람이 아닌 미국 사람으로 국적을 바꿔 버렸다. 다시는 고국으로 돌아가지 못할 것으로 생각했기 때문이었다.

서재필이 돌아와 보니 나라는 이미 일본이 조종하는 친일파가 잡고 있었다. 그리고 그들에 의해 나라가 이리저리 흔들리고 있었다.

"나라의 정치를 바르게 하려면 먼저 헌법을 정하고, 그 헌법에 맞게 나라가 다스려져야 합니다. 그러니 무엇보다도 중요한 것은 백성들을 위한 헌법을 만드는 일입니다."

그는 헌법을 정하고 헌법에 의해 정치를 해야 한다고 나라에 건의했다. 뿐만 아니라 나라를 위해 좋은 의견과 방안을 여러 번 제시했으나 번번이 거절당하였다. 우리 나라를 빼앗으려고 손길을 뻗치고 있는 일본이 서재필의 민주주의 정치를 받아들일 리가 없었다.

"난 그렇다면 고문직에서 물러나겠소. 이름뿐인 허수아비 같은 고문직에 그냥 있을 수 없소."

서재필은 즉시 고문직을 물러났다. 그리고 백성들을 계몽하는 일과 배재학당에서 일주일에 몇 번 정도 학생들을 가르치며 독립 정신을 일깨우는 일에 몰두했다. 이때(1896년 4월) 배재학당 안에 '협성회'라는 것이 서재필에 의해 처음 만들어졌다. 협성회는 지금의 학교 학생회와 비슷한 단체라고 할 수 있다. 그러나 실제로는 학생뿐만 아니라 관리나 일반인들도 회원으로 가입하여 활동하였고, 특히 현실 정치 문제에 대해 관심이 많았던 단체이기도 했다.

서재필은 매주 토요일 협성회 주최로 토론회와 연설회를 열게 하고, 웅변과 회의 진행법을 가르쳤다. 매주 토요일 오후면 서재필, 윤치호 박사의 지도 아래 협성회 회원들은 두 편으로 갈라져 토론하는 법을 배웠으며, 연설을 통해 백성들을 깨우치게 하는 데 힘을 쏟았다. 오늘날 회의할 때 동의, 재청이나 연설이니 하는 말은 이때부터 생겨난 것이다. 또한 손뼉을 치는 법도 이때 처음 생겨나기 시작했는데, 토론하는 것을 보고 청중들이 잘했다고 생각하는 편에 손뼉을 치게 한 것이 그 시초였다.

이 협성회에서 이루어진 토론의 제목을 살펴보면 대략 다음과 같은 것들이다.

- 한글과 한자를 섞어 쓰는 것에 대하여
- 학생들이 양복을 입는 것에 대하여
- 아내와 자매와 딸을 교육시키는 것에 대하여
- 학생들이 매일 운동하는 것에 대하여
- 우리 나라 종교를 예수교로 하는 것에 대하여
- 노비를 면하게 하는 것에 대하여
- 우리 나라에 철도를 놓는 일에 대하여
- 협성회 회원들이 거리에서 연설하는 것에 대하여
- 협성회 회원들이 20세 이전에 혼인하지 않는 일에 대하여
- 20세가 된 청년을 일제히 병정으로 뽑는 일에 대하여
- 목욕탕을 설치하여 몸을 깨끗이 하는 일에 대하여
- 환자들을 한약이 아닌 양약으로 치료하는 것에 대하여
- 무슨 물건이든지 서로 깎지 말고 사고파는 일에 대하여
- 군대에서 쓰는 구령을 우리말로 사용하는 것에 대하여
- 정부에서 인재를 뽑기 위해 치르는 과거 시험에 대하여

이렇게 토론의 제목들은 대단히 현실적인 문제들이었다. 이러한 현실적 문제들을 토론하기 위해 우선 토론자들은 찬성과 반대로 편을

가르고, 각기 찬성 혹은 반대의 주장을 펴 나갔다.

협성회의 토론과 연설은 시간이 지나면서 정치성을 많이 띠게 되었으며, 특히 정부 정책이나 사회 여러 방면에 대해 날카로운 비판을 가하며 민중을 계몽해 나갔다. 그러자 나라에서는 협성회에 대해 곱지 않은 시선으로 바라보기 시작했다. 그러다 나라에서는 마침내 협성회에서 하는 토론회를 금지시키기에 이르렀다.

결국 협성회는 둘로 나뉘어지게 되었다. 학생들을 중심으로 한 협성회는 배재학당에 순수 학생회로 그냥 남아 있게 되었고, 나라를 걱정하는 어른들은 따로 단체를 만들어 나갔는데, 이것이 1896년 7월 2일에 만들어진 '독립협회'였다.

한편 주시경은 협성회의 간부로 '협성회보'라는 작은 신문 형식의 소식지를 발간하는 일을 맡아 보고 있었다. 협성회보는 일주일에 한 번씩 발간되는 주보였으나 주시경은 성의를 다해 만들었으며, 글자도 한문이 아닌 한글로 발행하였다. 이는 백성들에게 쉽게 전달하기 위해서는 당연한 일이었다. 협성회보는 나중에 '매일신보'라는 신문으로 발전하게 되었다.

7. 독립신문사에서 일하며

협성회가 조직되기에 앞서 하루는 서재필이 주시경을 찾았다.

"선생님, 찾으셨습니까?"

주시경은 서재필을 찾아 뵙고 인사를 드렸다.

"오, 주 군. 내 긴히 의논할 일을 일이 있어서 좀 찾았네. 우선 거기 좀 앉게나."

서재필은 친절하게 의자를 내주었다.

"네, 감사합니다."

주시경은 조심스럽게 자리에 앉았다. 그리고 서재필에게서 무슨 말이 떨어질까 긴장하며 숨을 죽이고 기다렸다.

"주 군, 나를 좀 도와줄 수 있겠나?"

"선생님, 말씀하십시오. 선생님이 하시는 일이라면 무엇인들 도와드리지 못하겠습니까?"

주시경은 힘을 주어 말했다. 존경하는 선생님이 도와 달라는 것은 얼마나 영광스러운 일인가.

"고맙네."

"……."

"다름이 아니라 자네도 이미 소문을 들어서 알고 있겠지만 내가 이번에 '독립신문'을 만들어 보려고 하네. 아무래도 백성들을 깨우치고 이끌어 가려면 신문이 제일 좋겠다는 생각이야."

주시경은 서재필이 하는 이야기를 한마디도 빼놓지 않고 귀를 기울여 듣고 있었다.

"그런데 말이네. 우리가 이번에 내는 신문은 백성들의 눈과 귀의 역할을 잘 담당해야 할 신문이어야 한다는 거지. 그래서 한자를 빼 버리고, 모두 한글로 발행하고 싶다네. 또한 우리 나라에 와 있는 외국 사람들을 위해서 영어판도 만들려고 하네. 그래야 외국 분들도 우리 나라의 사정을 자세히 알 수 있지 않겠나. 내가 자네에게 부탁하고 싶은 것은 바로 이 신문을 발간하는 데 좀 도와 달라는 거지."

서재필의 말에 주시경은 기쁨을 감추지 못했다. 주시경이 바로 해 보고 싶은 일이 아니었던가. 그래서 주시경은 독립신문사의 회계 겸 교보원으로 일하게 되었다. 회계란 돈 관리를 말하며, 교보원이란 신문에 실린 글자나 문장들이 바로 쓰였나를 확인하고, 바르지 않을 경우 고치거나 다른 말로 바꾸는 일을 하는 사람을 말한다.

서재필이 이 일을 주시경에게 부탁한 것은 당연한 일이었다. 주시경은 이미 배재학당에 설치되어 있는 '미이미'라는 인쇄소에서 교정하는 일과 또 인쇄하는 일에 대한 경험을 갖고 있었기 때문이다. 뿐만 아니라 서재필은 주시경을 직접 지도하였기 때문에 믿을 만하다는 것과, 그가 또 한글 연구에 노력을 기울이고 있다는 점도 알고 있었다.

이렇게 하여 '독립신문'이 1896년 4월 7일 창간을 보게 되었다. 독립신문은 이틀에 한 번 나오는 격일간으로서 모두 4면으로 짜여졌다. 1면의 1, 2단에는 주로 사설이라 할 수 있는 논설이 실리고, 2면의 1, 2단에는 정치 기사가 실렸는데, 우리 나라 최초의 한글판 신문으로서 발행되자마자 백성들로부터 엄청난 관심과 반응을 불러 일으켰다. 그러나 4면에는 영문 기사를 실어 한국의 정치와 생활 풍습, 문화를 외국인이 읽도록 꾸몄다. 이것은 우리 나라의 사정을 외국인에게 많이 알리려는 의도에서 비롯된 것이다.

무엇보다도 높이 평가해야 할 일은 이 신문이 백성들도 쉽게 읽을

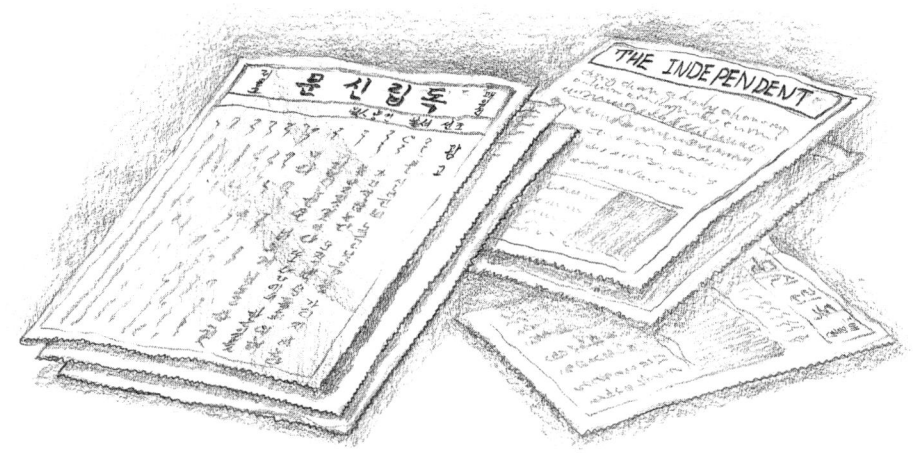

수 있도록 한글을 사용했다는 것이다. 이것은 지금까지 한자만을 글자로 여기고 써 왔던 지식인들에게 큰 충격을 안겨 주기에 충분했다. 이와 함께 정치에 대해 백성들의 알 권리를 부여하고, 정부의 하는 일에 대해 사실대로 보도하며, 잘못된 것은 과감하게 비판도 하고 꼬집기도 한다는 것이었다.

독립신문 창간호에 실은 서재필의 사설을 보면 그 발간의 뜻을 알 수 있다.

독립신문은 신분의 높고 낮음을 가리지 않습니다. 귀하고 천함도 가리지 않습니다. 오직 백성들을 위해 공평하게 사실을 알릴 것입니다. 또 나라에서 하는 일을 백성이 알고, 백성이 하는 일을 나라가 잘 안다면 서로 유익한 일이며, 불평하거나 의심하는 일도 없을 것입니다.
독립신문은 이익을 내려고 하지 않기 때문에 값을 싸게 하였습니다. 한글로만 만든 것은 누구나 다 읽을 수 있게 하려는 것입니다.

독립신문은 바르게 보도할 것입니다. 관리도 잘못하는 일이 있으면 지적할 것이며, 탐관오리가 있으면 그 한 일을 밝혀 낼 것이며, 백성이라도 잘못을 저지르면 그 잘못을 밝힐 것입니다.

한글에 띄어쓰기를 한 것은 누구나 쉽게 신문을 읽고, 그 뜻을 자세히 알아보게 하기 위해서입니다. 한글이 한자보다 더 나은 것은 첫째로 배우기 쉽고, 둘째로 우리의 뜻을 남에게 쉽게 전달할 수 있어서입니다.

독립신문이 창간되고, 7월에는 드디어 서재필을 중심으로 한 '독립협회'가 만들어졌다. 여기에는 지금 이름만 들어도 유명한 이상재, 이준, 윤치호, 이동녕 같은 애국 지사들이 가담하여 활약을 했다. 이들은 모두 나라를 위해 큰 일들을 했는데, 물론 주시경도 이 독립협회에서 일을 하며 독립신문을 발간하는 데 힘을 쏟았다.

원래 독립협회는 정부 내의 높은 관리들까지 참여한 단체였다. 그러나 나중에 독립협회가 정부를 비판하는 입장에 서자 관리들은 모두 떠나가 버렸다.

1896년 7월 2일, 서재필을 비롯한 30여 명에 의해 조직된 독립협회는 그 자리에서 큰 사업으로 '독립문'과 '독립공원'을 세우기로 결의하였다. 독립협회는 먼저 중국 사신이 와서 머물며 거드름을 피울 때 항상 우리 대신들이 쩔쩔 매며 시중을 들어 주던 모화관이라는 건물을 고쳐서 '독립관'이라는 이름으로 사용했다.

또한 그 해 11월에는 청나라의 굴레에서 벗어났음을 기념한다는 의

미에서, 나아가 중국 사신을 맞이하던 영은문을 헐어 버리고 그 자리에 독립문을 세웠다. 우리 나라가 자주 독립국임을 만백성들에게 일깨우게 하기 위해서라도 이러한 상징을 담은 기념물이 필요했던 것이다. 지금 서대문에 우뚝 서 있는 독립문이 바로 그때 세워진 것이다.

한편 1897년, 그러니까 주시경이 22세 되던 해에 고종 임금은 나라 이름을 '대한'이라고 고쳤다. 그리고 황제로 즉위했다. 그러나 나라의 겉모양은 그럴듯하게 새로운 모습으로 바뀌어져 가는 것 같았지만 실제로는 그렇지가 않았다. 우리 군사들을 훈련시키기 위한 고문과 교관을 외국인으로 두고, 광산과 철도의 이익에 대한 권리를 외국인에게 넘겨주는 등 이미 많은 것들을 남의 나라에게 빼앗기고 있었다.

"우리 나라가 어쩌다 이 지경이 되었는가."

"이제 머지않아 나라를 다 팔아먹게 되었다."

"도대체 나라에서는 무엇을 하고 있는 것인가."

독립협회 회원들은 글을 써서 정부를 비난하며 정면으로 공격을 했다. 독립협회의 사람들은 대개 자유주의 사상을 가진 사람들로 나라의 독립과 민족의 자립을 위해 국민들을 계몽해 나갔다. 그뿐만 아니라 정부의 잘못된 정책이나 제도에 대해 독립신문을 통해 날카롭게 지적하기도 하고, 또한 연설이나 강연회를 통해 호된 비판을 가했다.

독립협회는 생긴 지 석 달 만에 벌써 회원이 만 명을 넘어섰다. 새로운 문화를 갈망하는 청년들이 적극적으로 지지하며 그 세력이 전국으로 퍼져 나가 정부를 떠엎을 기세였다. 독립협회를 통해 많은 사람들

은 비로소 시대의 변화를 알 수 있었고, 독립의 중요성과 국민의 권리, 국민의 의무 등을 깨닫게 되었다. 주시경은 1897년 12월, 독립협회 위원으로 선정되고 독립신문사의 총무가 되면서 더욱 바빠졌다. 협성회의 일을 보랴, 독립협회와 독립신문 발간의 일을 보랴, 한글을 연구하랴 그야말로 눈코 뜰 새가 없었다.

그런데 주시경은 이 해에 또 하나의 일을 벌였다. 독립신문사 안에 '조선문동식회'라는 모임을 만든 것이다. 이 모임에서는 우리 한글의 맞춤법을 연구하며 한글 사전을 만들어 내고, 한글 쓰기를 적극 권장하는 운동을 벌여 나갔는데 주시경이 그 중심 역할을 해 나갔다. 이렇듯 주시경은 밤낮으로 일을 하면서도 한글 연구와 보급에 소홀하지 않았다.

한편, 독립협회의 세력이 눈덩이처럼 커지자 나라의 몇몇 관리들은 걱정을 하기 시작했다.

"이거 호미로 막을 일을 나중에 가래로 막게 되는 거 아닌지요?"

"글쎄 말입니다. 세력이 너무 커지는 것 같습니다."

"불순한 단체입니다. 매일같이 나라가 하는 일을 비판만 하지 않습니까?"

"백성들이 동조한다는 데에 문제가 심각합니다. 그들의 세력이 더 커지면 어떻게 막을 수 있습니까?"

"그러니 조심해야지요. 그냥 두어서는 안 될 것입니다."

"싹이 더 자라기 전에 잘라 버려야 합니다."

"그렇습니다. 그 독립신문에 이름이라도 한번 오르는 날이면 우리 앞날이 막혀 버립니다."

나라의 몇몇 관리들은 독립협회를 그대로 둘 수 없다는 생각을 많이 하게 되었다. 무엇보다도 독립협회가 백성들 편에 서서 정부의 하는 일을 비판하는 것이 아주 못마땅했던 것이다. 강연회니 연설회니 하면서 거리에서 많은 군중들을 모아 놓고 정부를 비판하는 것도 그렇고, 독립신문에 비판하는 글을 싣는 것도 그랬다. 낡고 썩은 관리나 일을 잘못한 관리의 이름은 영락없이 독립신문에 이름이 올라 호되게 비판을 받거나 욕을 먹는 일도 있으니 그들은 독립협회를 눈엣가시처럼 생각할 수밖에 없었다. 잘못하다가는 자기들의 목이 떨어져 나갈 판이었으니까.

8. 위기를 맞은 독립협회

"이거 언제까지 저놈들을 그냥 놔 둬야 합니까?"
오늘도 몇몇 관리들은 독립협회 때문에 골머리를 앓고 있었다.
"글쎄, 쉽게 없앨 수도 없고……."
"걱정할 게 뭐가 있습니까? 없는 죄라도 뒤집어씌워 쇠고랑을 채우면 되지요."
"불량배들을 풀어 그냥 확 쓸어 버립시다."
"그랬다가 소문이라도 나쁘게 나면 더 큰 낭패지. 하더라도 그럴듯하게 소리 없이 해야지요."
"무슨 좋은 방법이라도 있습니까?"
"내게 좋은 생각이 있어. 자네는 거리에 나가서 보부상(봇짐장수와 등짐장수) 우두머리들을 조용히 불러오게."
"아니 왜, 하필이면 장돌뱅이들입니까?"
부하 직원이 고개를 갸웃거리며 이상해서 물었다.
"아무 소리 말고 시키는 대로 조용히 하게."
"알겠습니다."

그리하여 보부상의 우두머리 몇 명이 정부의 관리들을 만나게 되었다. 보부상들이야 이리저리 떠돌아다니며 장사하는 사람들이니 산전수전 다 겪은 사람들이었다. 무서울 것이 없었다. 어디서나 맘에 안 들면 한번 뒤집어엎고 떠나 버리면 그만이었으니까. 그러나 그들도 정부의 관리들만은 무서워했다. 정부 관리들이 방해를 놓으면 장사를 할 수가 없으니 그들의 눈치를 보지 않을 수는 없는 일이었다.

"자네들은 이제부터 황국협회 회원들이네."

정부 관리가 입을 열었다.

"화, 황국협회가 뭐, 뭡니까유?"

"이런 무식한 놈들 같으니라구. 그러니 장사꾼밖에 못 해 먹지. 황국협회란 무엇이냐 하면 황실과 나라를 지키는 단체라 그런 말이다."

"어휴, 그렇게 큰 일을 우리 같은 장사꾼이 어떻게 하겠습니까유? 나라의 군대가 해야지유."

보부상 하나가 뒤통수를 박박 긁으며 고개를 갸우뚱했다.

"저런 바보 같은 놈. 누가 너희들 보고 전쟁을 하라고 했느냐? 너희들은 그저 우리가 시키는 일만 하면 된단 말이야."

"아, 그거야 어렵지 않지유 뭐. 그저 시키기만 하세유. 뭐든지 다 할 테니까유."

이렇게 해서 '황국협회'라는 단체가 생겨나게 되었다. 황국협회는 독립협회에 맞서게 하기 위해 정부가 뒤에서 몰래 조종하는 폭력 단

체였다. 그렇기 때문에 회원들도 싸움 잘하는 보부상 패거리들을 모아 만들었는데, 회장에 이기동을 비롯하여 김옥균을 암살한 홍종우, 악독한 이유인, 길영수 등이 그 핵심 인물이었다. 이들 황국협회는 정부 관리의 지시를 받아 독립협회와는 달리 정부가 하는 일은 무조건 지지하였으며, 독립협회에는 위협과 폭력을 사용하였다.

이렇게 되자 이제는 독립협회와 황국협회 회원들 간에 싸움이 자주 일어나게 되었다. 독립협회가 행사를 벌이면 황국협회의 보부상들은 어김없이 나타나 시비를 걸고 싸움을 걸며 방해를 놓았다. 이들은 싸움 잘하는 장돌뱅이들이었기 때문에 독립협회는 많은 피해를 입을 수밖에 없었다.

독립협회 사람들도 이들이 누구인지, 누구의 조종을 받고 있는지 다 알고 있었다. 그러니 이들을 고소한들 소용이 없었다. 잡혀가면 금세 풀어 주기 때문이다.

"정부에서 이런 폭력 단체를 키워도 되는 거야?"

"세상에 참, 기가 막힐 노릇이네. 정부가 깡패들을 시켜 우리 일을 방해하다니……."

"이거 앞날이 영 순탄치 않겠어."

분위기가 심상치 않았다.

"그렇다고 우리가 기죽을 필요 없어. 우리도 맞서 싸우는 거야."

주시경은 주먹을 불끈 쥐며 말했다. 여기서 좌절하고 주저앉는다는 것은 있을 수 없는 일이었다.

"암, 그렇고말고."

다른 동지들이 힘을 실어 주었다. 그래서 독립협회 사람들은 분함을 참고 이를 악물었다. 그럴수록 더 힘을 뭉쳐 대항해 나가자고 굳게 손을 잡았다.

독립협회와 황국협회 사람들 간의 싸움은 점점 더 치열해졌다. 황국협회 싸움꾼들이 휩쓸고 지나간 자리는 쑥밭이 되었다. 책상 하나도 남아 있는 것이 없었다. 그들은 애국 단체라고 떠들어 대면서, 나라를 망치는 독립협회를 그냥 둘 수 없다고 외쳐 댔다. 온 나라가 점점 시끄러워졌다. 정부의 관리들은 사회가 지나치게 시끄러워지는 것을 지켜보고 있었다.

"이거 더 이상 그냥 두어서는 안 되겠습니다."

"온 나라가 시끄럽습니다."

"나라가 시끄러워지면 그 화살은 다시 정부로 돌아옵니다."

"잘못하다가는 오히려 우리가 다치게 생겼소이다. 어찌 하면 좋습니까?"

"독립협회 고문관인 서재필을 쫓아 보내는 길밖에 없소이다."

"그렇소. 그가 들어와 독립협회를 만들면서 일이 이렇게 시끄럽게 되었소."

"그렇지요. 서재필을 쫓아내면 독립협회도 아마 힘을 잃고 쓰러질 거요."

"생각 같아서는 서재필을 잡아 감옥에 처넣어야 하는 건데······."

"그럴 수는 없소. 그는 미국 시민권을 가진 사람이오. 미국이 가만있겠소?"

"그러니 답답한 일이 아니겠소?"

"서재필을 다시 미국으로 쫓아 보냅시다. 그렇게 하도록 황제께 건의합시다."

그래서 정부의 관리들은 서재필을 다시 미국으로 쫓아 보내자고 건의를 했다. 서재필만 없으면 독립협회가 무너지는 것은 불 보듯 뻔한 일이며, 그렇게 되면 거리에서 싸움이 일어나는 일도 없을 거라고 생각했던 것이다.

1898년 4월, 마침내 서재필은 정부로부터 통지서를 받게 되었다. 우리 나라를 떠나라는 것이었다. 지금으로 말하면 추방 명령이었다.

"아니, 이럴 수가 있는 거요?"

"추방이라니? 서재필 박사가 무슨 잘못을 했단 말이오?"

"잘못은 무슨……. 자기들 눈에 거슬리니까 핑계를 찾은 거지."

"우리 독립협회를 해산시키려는 음모요, 음모."

"서재필 박사가 떠나면 우리 독립협회는 어떻게 한단 말이오?"

독립협회 사람들은 펄쩍 뛰었다. 서재필이 쫓겨 간다면 독립협회의 앞날이 걱정이었다. 주시경은 독립협회 총대의원인 신용진, 남궁억 등과 함께 정부에 상소문을 올렸다. 서재필의 추방 명령은 옳지 않으며, 그럴 만한 죄도 짓지 않았으니 취소해 달라는 내용이었다. 그러나 이미 내려진 고종 황제의 명령이 취소될 수는 없었다. 이렇게 해서 서재필은 미국으로 떠나지 않으면 안 되게 되었다. 마침내 독립협회의 위기가 닥쳐온 것이다. 서재필이 없는 독립협회는 껍데기에 불과한 것이었다.

서재필은 미국으로 떠나면서 이준, 이상재, 김가진, 남궁억 등의 간부들과 아끼고 사랑했던 제자 주시경을 불러 독립협회와 독립신문을 부탁하였다.

"동지들, 나는 여러분을 믿소. 내가 없더라도 독립협회와 독립신문을 절대 쓰러지게 해서는 안 되오. 우리는 나라와 민족을 위해서 일하는 것이지, 우리 개인의 명예를 위해서 일하는 것이 아니오. 독립협회가 쓰러지면 우리 나라의 미래는 기대할 수가 없소. 우리가 쓰

러지면 누가 좋아하겠소? 그러니 우리는 자주 독립을 위해 끝까지 투쟁해 나가야 하오. 어떤 어려움이 있더라도 동지들은 서로 힘을 합쳐 이겨 나가야 하오. 나는 동지들이 이 일을 잘 해 나가리라 믿고 있소. 때가 좋아지면 나는 반드시 다시 돌아와 여러분을 도울 것이오. 부디 서로 힘을 합쳐 일해 주기 바라오."

그리고 서재필은 주시경에게 따로 말했다.

"이보게, 주 군."

"네, 선생님."

"독립신문은 어떤 일이 있어도 발간이 되어야 하네. 여러 동지들과 힘을 합쳐 어려움을 이겨 나가도록 하게."

"알겠습니다. 끝까지 싸우겠습니다."

"그리고 주 군이 하고 있는 한글 연구도 중단해서는 안 되네. 우리 독립신문을 많은 백성들이 보고 있는 것은 쉬운 한글 때문이 아닌가. 부지런히 연구하여 더 쉽고 편하게 쓸 수 있는 한글이 되도록 해 보게. 이보다 나라를 사랑하는 더 큰 일이 또 있겠는가? 아무것도 모르는 백성들을 빨리 깨우치게 하기 위해서 한글 보급은 정말 급하고 급한 일이니까 말일세. 이 일은 자네 혼자가 원하는 일이 아니라 온 백성이 원하는 일이라는 걸 잊지 말게."

"선생님의 말씀 명심하겠습니다."

주시경은 서재필의 말에 뜨거운 피가 솟구쳐 오르는 것을 느꼈다. 그 동안 한글 연구에 지쳤던 마음이 한순간에 녹아 없어지는 것 같았다. 선생님의 말씀을 들으니 그 동안 더 열심히 연구하지 못했던 것이 부끄러웠다.

"염려 마십시오. 우리 주 동지는 틀림없이 잘할 것입니다. 저희들도 힘이 닿는 데까지 열심히 돕도록 하겠습니다."

다른 분들이 주시경의 어깨를 감싸 안아 주었다.

"그럼, 난 동지들만 믿고 떠나겠네."

마침내 서재필은 아쉬움을 지닌 채 미국으로 떠나고 말았다.

9. 영국 공사관으로 피신하다

서재필이 미국으로 떠났지만 독립협회는 흔들리지 않았다. 윤치호를 회장으로 다시 뽑고 독립협회는 이상재, 이준, 이승만, 남궁억, 주시경 등을 중심으로 똘똘 뭉쳤다.

나라의 사정은 날이 갈수록 더 나빠졌다. 독립협회는 외국 세력에 질질 끌려 다니기만 하는 황실과 정부를 가만히 보고만 있을 수 없었다. 그래서 이들을 비판하는 글을 독립신문에 계속 실었다. 특히 낡은 제도를 바꾸어 새로운 나라를 만들 생각은 하지 않고, 옛것을 지키며 편안히 자리만 지키고 앉아 눈치만 슬슬 보는 수구파 대신들을 공격했다.

"수구파 대신들은 자리에서 물러나라."

"유능한 개화 인물로 새 정부를 세워 외국 세력을 물리쳐라."

이러한 독립신문의 글에 동조하여 많은 사람들은 수구파 대신들을 처치하라고 외치며 시위를 벌이기도 했다.

독립협회 회원들의 공격에 수구파 대신들은 이를 부드득 갈았다. 독립협회 회장인 윤치호와 독립신문사 총무로 정부의 수구파 대신들을 공격하는 데 앞장 섰던 주시경이 위험 인물 제1호였다.

그러던 어느 날 독립협회 회장인 윤치호에게 고종 황제께서 부르신다는 명령이 떨어졌다. 즉시 대궐로 들어와 고종 황제를 뵈라는 것이었다. 그 순간 윤치호의 얼굴이 굳어졌다.

"무슨 일일까요?"

독립협회 회원들이 걱정이 되어 윤치호 회장 주위로 몰려들었다.

"보나마나 신문 일 때문에 그러시겠지 뭘."

"마음이 좀 불편하셨겠지. 우리가 매일 공격해 댔으니까 말야."

"피할 수는 없을까? 어디로 도망쳐 버리지 뭘."

"그럴 수는 없지. 황제께서 부르시는데……."

"……."

회원들은 잠시 입을 다물었다.
"혹시 수구파들의 장난이 아닐까요? 다른 목적이 있어서."
"다른 목적이라니?"
"뻔하지. 눈엣가시 같으니까, 황제가 부르신다고 해 놓고 들어오면 체포하려고 말야."
"그럴 수도 있겠네. 하지만 감히 신하 된 자들이 황제의 이름으로 거짓말을 할 리야 있겠나?"
"일단 나는 대궐로 들어가 봐야겠네. 뒷일을 잘 부탁하네."
회원들의 말을 끊으며 윤치호 회장은 자전거를 끌고 나섰다.
"조심해서 다녀오십시오."
회원들은 걱정스런 얼굴로 인사를 했다.
그런데 몇 시간이 지난 후 윤치호가 대궐에서 돌아왔다. 그의 얼굴은 창백하다 못해 파리했다.

"어찌 됐습니까?"

"무슨 일이었습니까?"

회원들은 궁금해서 윤치호를 둘러싸며 물었다.

"나 좀 몸이 불편해서 먼저 집으로 들어가 쉬겠네."

윤치호는 대답도 하지 않고 사무실을 빠져나갔다.

"허참, 무슨 일이 있었는지 궁금해 죽겠네."

"글쎄, 회장님 얼굴이 아주 심상치가 않아."

"몸이 불편하시다니 그런 줄 알지 뭐. 자, 그럼 우리도 슬슬 들어가 보세."

"그러세."

독립협회 회원들은 하나 둘 사무실을 빠져나갔다.

"자네는 나가지 않으려나?"

주시경을 보고 하는 소리였다.

"먼저 들어가게. 뒷정리 좀 하고 들어갈 테니."

"조심하게. 자네 글이 너무 예리해서 걱정이야. 저 늙은 대신들이 아마 이를 갈고 있을걸. 허허허."

웃음 소리가 복도 끝까지 들려왔다.

사무실에는 이제 주시경 혼자 남게 되었다.

그런데 조금 후에 일이 터졌다. 문소리가 요란히 나더니 발자국 소리가 사무실로 몰려왔다. 주시경은 느낌이 이상해 창가로 가서 밖을 내다봤다. 벌써 수십 명의 군사들이 독립협회 사무실을 에워싸고 있었다. 그때 군사 몇 명이 사무실로 들이닥쳤다.

"윤치호! 윤치호 어딨나? 윤치호 이리 나와!"

계급이 높아 보이는 사람 하나가 사무실을 두리번거리며 윤치호를 찾았다.

"무슨 일이오?"

주시경은 눈이 휘둥그레지며 물었다.

"윤치호 어디 있느냔 말야, 빨리 말해!"

군사 하나가 주시경을 노려보며 다그쳐 물었다.

"회장은 집으로 들어가셨소."

"집으로 들어갔다고? 빨리 뒤를 쫓아라."

군사들은 사무실에서 우르르 몰려나갔다. 뭔가 일이 심상치 않게 되는 것이 틀림없었다. 아까 윤치호 회장이 창백한 얼굴로 돌아왔다가 바삐 집으로 돌아간 것이나, 군사들이 그를 잡으려고 들이닥친 것이나 예사로운 일이 아니었다.

'그런데 회장이 붙잡히면 어떡하나? 이거 큰일 났는걸.'

주시경은 어찌할 바를 몰라 쩔쩔맸다. 드디어 정부에서 독립협회에 대한 탄압이 시작되는 모양이었다. 그렇지 않아도 그런 소문이 벌써부터 나돌고 있었던 터였다. 그렇다면 주시경도 무사하지 못할 것이 분명했다.

그때였다.

"주시경, 주시경!"

밖에서 누군가 주시경을 찾고 있었다. 주시경은 깜짝 놀랐다. 말소리를 들어 보니 우리 나라 사람은 아닌 듯싶었다. 곧이어 키가 큰 영국 병사 한 사람이 사무실로 들어섰다.

"내가 주시경이오. 무슨 일이오?"

"이걸 보시오. 그리고 얼른 나를 따라오시오."

영국 병사는 쪽지 하나를 건네주었다. 주시경은 쪽지를 받아 얼른 풀어 보았다.

상황이 매우 좋지 않네. 얼른 영국 공사관으로 피신해 오게.

윤치호 회장이 급하게 휘갈겨 쓴 글이었다. 회장이 어떻게 영국 공사관으로 피해 갔는지 모를 일이었지만 일이 뭔가 심상치 않은 모양이었다. 주시경은 사무실 문을 잠그고 영국 병사를 따라나섰다.

"회장님, 어떻게 된 일입니까?"

영국 공사관에서 회장 윤치호를 만나자마자 주시경은 따지듯이 물었다.

"일이 그렇게 됐네. 내가 대궐로 들어가 황제를 뵈었는데, 황제께서는 독립신문에 실린 글들이 너무 정부를 지나치게 공격만 한다고 말씀하시며 걱정을 하시었네. 어둡기 전에 조심해서 돌아가라고 하시기에 대궐을 나섰는데, 오는 도중에 벌써 군사들이 나를 잡으려고 쫓는 거지 뭔가. 그래서 사무실에 잠깐 들러 집으로 돌아갔는데

바로 군사들이 뒤쫓아 온 거지. 급하긴 하고 창피하지만 어쩌겠나? 뒷문으로 도망쳐 시궁창으로 들어가 헤매다 이리로 온 것일세. 영국 공사가 우리를 보호해 준다고 했으니 여기는 안전하네. 앞으로 며칠이 걸릴지 모르지만 여기서 숨어 지내며 좀 기다려 보세."

"……."

주시경은 말없이 고개만 끄덕였다.

이렇게 해서 독립협회 윤치호 회장과 주시경은 영국 공사관에서 열흘이 넘게 숨어 있으며 위기를 면했다. 그 후 영국 공사가 대궐로 찾아가 말을 잘하여 두 사람은 무사히 돌아오게 되었으며, 독립신문도 계속 발간하게 되었다.

10. 폭력배들의 습격 사건

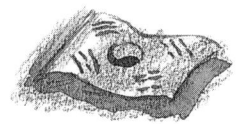

　만민 공동회는 1898년 독립협회 주최로 열리게 된 커다란 민중 대회를 말한다. 주로 종로 네거리 같은 넓은 곳에서 군중들을 모아 놓고 정부의 하는 일과 시국에 대해 열띤 토론을 하였다. 학생과 일반인은 물론 때로는 정부 관리까지 초청을 받아 서로 마음을 터놓고 이야기 하는 그야말로 나라를 위한 대토론회였다. 이 행사에는 주로 독립협회의 이승만, 홍정하, 윤치호, 이상재 등의 청년 연사들이 나와 연설을 했다.

　그러나 대부분이 정부의 정책을 비판하게 되고, 수구파 대신들이 공격의 표적이 되자 정부 관리들은 점차 참석하지 않게 되었다. 이 만민 공동회 회장은 윤치호가 맡고, 부회장은 이상재가 맡았으며, 실제로 앞서서 일하는 사람들은 주시경을 비롯한 독립협회 회원들이었다.

　1898년 10월, 가을 하늘은 높고 푸르른데, 종로 네거리에서는 가장 큰 만민 공동회가 열리고 있었다. 이미 거리에는 학생과 일반인 들을 비롯한 수많은 군중들이 구름처럼 모여들었다. 이 자리에는 사회 각 계층을 대표하는 사람은 물론 여러 단체와 정부의 관리까지 초청을 받아 참석하였다.

"여러분 고맙습니다. 오늘도 우리는 나라를 걱정하는 마음으로 이 자리에 모였습니다."

맨 먼저 회장인 윤치호가 연사로 연단 위에 올라 입을 열었다.

"그러나 여러분, 지금 돌아가는 세상을 보면 한심하기 짝이 없습니다. 무엇보다도 걱정스러운 것은 우리가 지키고 누려야 할 권리를 외국에 많이 빼앗기고 있다는 사실입니다. 보십시오. 광산에서 금을 캐내는 채굴권, 서울에서 부산까지 기차가 다니게 놓을 철도 부설권 같은 중요한 우리의 권리를 모두 외국에 팔아 넘겼습니다. 이런 식으로 하나 둘씩 남의 나라에 모두 팔아먹다가는 우리 모두 거지가 되고 말 것입니다. 거지는 제 땅에서도 행세를 못 합니다. 이리저리 쫓겨다니게 됩니다. 정신 바짝 차려야 합니다."

"옳소! 옳소!"

여기저기에서 박수 소리와 함께 '옳소' 하는 큰 소리들이 터져 나왔다.

"더욱 걱정스러운 것은 이러한 일들을 나라의 썩은 대신들이 저지르고 있다는 것입니다. 그들은 황제의 눈을 가리고 뇌물을 받아먹으며 이런 일들을 저질러 왔습니다. 우리 나라에서 우리가 주인 된 행세를 하지 못한다면 우리 나라는 독립 국가가 아닙니다. 우리가 진정한 독립 국가를 이루려면 외국의 간섭을 받지 말아야 합니다. 그러나 지금은 외국의 간섭이 너무 심합니다. 왜 그렇습니까? 우리

나라의 많은 권리들을 저들이 가져갔기 때문입니다. 이제 우리는 더 이상 아무것도 내주어서는 안 됩니다."

"옳소!"

"그러기 위해서는 오늘 우리가 중대한 일을 하나 해야 합니다."

"그게 무엇입니까?"

군중들은 소리쳤다.

"네, 진정한 독립 국가가 되기 위하여 어떻게 해야 하는지 우리의 생각을 적어 황제께 보내야 합니다. 그래서 우리의 요구대로 정부가 실시하도록 해야 합니다."

"좋은 생각이오."

"어서 말해 보시오."

이렇게 해서 연단 위에 초청받은 사람들부터 이야기를 시작했다. 때로는 군중들 틈에서 누군가 이야기하기도 했다. 서기로 일하고 있는 주시경은 이 모든 내용들을 정리하며 적기에 바빴다.

마침내 만민 공동회는 고종 황제께 보내는 개혁안을 만들었는데 그 내용은 다음과 같다.

첫째, 나라의 관리는 누구라도 일본인에게 의지하려고 하지 말 것.

둘째, 나라의 이익이 걸린 외국과의 계약은 대신 혼자 결정하지 말 것.

셋째, 나라의 재정을 공정히 하고, 예산은 백성들에게 밝힐 것.

넷째, 큰 죄를 지은 범인의 재판은 공개적으로 해야 하며, 언론과 집

회의 자유를 보장할 것.
다섯째, 나라의 중요한 관리를 뽑을 때에 여러 사람의 의견에 따를 것.
여섯째, 민회(지금의 국회)를 빨리 두어 백성의 의견을 듣도록 할 것.

이 개혁안은 마침내 고종 황제께 전달되었다. 황제는 개혁안을 살펴보고 고개를 끄덕이며 그대로 시행하라고 명령을 내렸다. 그러나 수구파의 부패한 관리들의 입장에서 보면 달랐다. 그 내용이 자기들에게는 여간 껄끄러운 것이 아니었다. 왜냐하면 모두가 자기들이 하는 일에 대한 반대였기 때문이었다. 그래서 관리들은 대답만 해 놓고 교묘한 이유를 들어 시간만 질질 끌었다. 어떻게 해서라도 시간을 더 끌며 늑장을 부려 볼 셈인 것이었다.

독립협회에서 그 속셈을 모를 리 없었다. 마침내 독립협회에서 정부의 관리들을 비판하며 들고일어났다. 주시경은 더욱 날카로운 글을 독립신문에 실어 수구파 정부 관리들의 무능함을 공격했다. 독립협회와 백성들의 시위가 거세지자 정부에서는 겁을 집어먹었다.

"독립협회 간부들을 잡아 들여라!"

마침내 정부는 독립협회를 탄압하기 시작했다. 이상재, 남궁억, 정난교 등 17명의 독립협회 사람들이 줄줄이 붙들려 갔다. 다행히 윤치호 회장을 비롯하여 정교, 이근호, 최정덕 등은 미국인 선교사 아펜젤러 집에 숨어서 붙잡히지 않았다. 그 바람에 독립협회는 잠시 움츠러드는 듯했다.

"동지들, 이렇게 우리가 가만히 있어서 되겠습니까?"

"옳소이다. 잡혀간 동지들을 구해 내기 위해서라도 가만히 있을 수 없습니다."

"다시 거리로 나갑시다. 거리로 나가서 백성들에게 우리의 억울함을 호소하고, 동지들을 석방해 달라고 외칩시다."

그리하여 주시경을 비롯한 이승만, 홍정하, 이동녕, 이갑, 양기탁 등의 동지들은 종로 네거리로 나와 다시 연설을 시작하며 군중들을 불러모았다. 이들이 거리를 돌아다니며 연설를 시작하자 군중들이 구름처럼 몰려들기 시작했다.

"죄 없는 이상재를 풀어 주시오."

"독립협회 사람들을 석방하시오."

독립협회 사람들은 잡혀간 동지들을 석방하라고 외쳐 댔다. 거리는 다시 독립협회 사람들과 그들을 지지하는 사람들로 가득 찼다. 붙잡아 간 독립협회 간부들을 풀어 주라는 소리가 물결쳤다.

그러나 이번에는 정부의 관리들도 가만히 있지 않았다. 이미 황국협회 회원이라고 하는 전국의 보부상 수천 명을 서울로 집결시켜 놓고 있었던 것이다.

"너희들, 그 독립협회인지 똥립협회인지 하는 애들이 요새도 거리에서 떠들며 말썽 피우고 있는 거 알고 있지?"

수구파 관리 하나가 눈초리를 감아 올리며 보부상 핵심 인물들을 불러 놓고 입을 열었다.

"알다마다유. 군중들 모아 놓고 유식한 채 떠들어 대는 놈들, 정말 눈꼴이 사나워서 못 보겠다니까유. 지놈들이 세상 돌아가는 것을 뭘 안다고……."

"그놈들 때문에 정말 세상이 시끄러워. 이러면 나라꼴이 뭐가 되겠느냐 말이야? 정치가 뭔지도 모르는 놈들이 뭘 안다고……."

"그러게 말이어유. 세상이 시끄러우니까 저희 같은 장사치들도 못해 먹겠어요. 이번에는 저희들이 제대로 한번 손을 좀 봐 줄까유?"

보부상 하나가 팔소매를 걷어 올리며 흥분해서 입을 열었다.

"그래, 너희들은 황실과 나라를 지키는 황국협회 회원들이야. 가서 혼을 좀 내. 길게 하면 꼬리를 잡히니 후다닥 해치워."

"그럼요. 다 알고 있습니다유. 대신 저희들 뒤나 잘 부탁합니다유."

"그건 걱정하지 않아도 돼. 벌써 얘기가 다 되어 있으니까."

"그럼 저희들 댕겨 오겠시유."

보부상들은 떼를 지어 거리로 몰려 나갔다. 손에는 기다란 몽둥이를 하나씩 든 채. 지나가는 사람들이 그들을 보고 겁이 나서 슬금슬금 피해 갔다.

"저기다! 놈들이 저기 있다!"

보부상들은 독립협회 사람들과 백성들이 시위를 벌이고 있는 곳으로 뛰어들었다. 그들은 다짜고짜 아무나 몽둥이로 두들겨 패기 시작했다.

"너, 너희들은 누, 누구냐?"

독립협회 사람들이 앞을 가로막았다.

"흥, 알 필요도 없다. 좀 조용히 살자."

"왜 만날 이렇게 나라를 시끄럽게 만드느냐?"

"어디 한번 혼 좀 나 볼래?"

말이 끝나기가 무섭게 다시 몽둥이가 날아들었다.

"어! 어억!"

"아이구!"

황국협회 폭력배들이 휘두르는 몽둥이에 사람들이 비명을 지르며 쓰러졌다. 거리는 삽시간에 아수라장이 되어 버렸다. 그러나 독립협회 사람들도 만만치 않았다. 물러서지 않고 보부상들을 상대로 싸움을 벌였다. 몽둥이를 빼앗아 휘두르고, 돌을 집어 던지기도 했다. 양쪽에서 많은 사람들이 다쳤다. 한참을 싸우던 보부상들은 누구의 지시가 있었는지 순식간에 어디론가 사라져 버렸다.

"그놈들이 도대체 누구야?"

"보면 모르겠나? 황국협회 놈들이지."

"정부에서 아주 깡패들을 키우고 있군."

"나라가 도대체 어떻게 되려고 이러나?"

사무실로 돌아온 독립협회 회원들은 넋을 잃고 있었다.

"이럴수록 우린 꿋꿋한 자세를 가져야 해."

주시경이 아픈 허리를 움켜쥐며 힘 있게 말했다.

"맞아, 절대로 물러서면 안 돼."

"그냥 이렇게 당하고만 있어서는 안 돼. 그러면 저놈들이 우리를 더 얕볼 거야."

"자, 너무 흥분들만 하지 말자구. 우선 부상자들부터 치료를 받게 하고 차근차근 앞일을 의논해 보자구."

주시경을 비롯한 회원들은 다시 움직였다.

그런데 문제는 거기서 끝나지 않았다. 거리에서 이상한 소문이 들려오기 시작했다. 독립협회가 반역 단체라는 것이었다.

"뭐, 누가 그런 소리를 해?"

"말도 안 되는 소리야. 어느 놈이 그 따위 소리를 떠들고 다녀?"

"우리 협회가 애국 단체라는 사실은 세상이 다 아는 일인데 그게 무슨 소리여?"

"우리 협회를 반역 단체로 몰아서 아주 깨 버리자는 심산이군."

"그뿐이 아니야. 벌써 황제께 상소문도 올라갔다는군."

"뭐라구?"

회원들은 펄쩍 뛰었다.

"가만 있어 보게. 그런 소리를 어디서 들었는가?"

주시경은 놀라는 가슴을 가라앉히며 소문을 갖고 들어온 회원에게 물었다.

"거리에 벽보가 붙었다는 거야. 사람들이 그것을 보고 웅성거리고 있대."

"거리에 벽보가?"

주시경을 비롯한 독립협회 회원들의 눈초리가 참새 꽁지 들리듯이 올라갔다.

"나가 보세."

주시경은 회원들과 함께 거리로 뛰쳐나갔다.

"저긴가 보네."

독립문 주위에 사람들이 모여 무엇인가 열심히 보며 웅성거리고 있었다. 주시경은 그리로 달려가 벽에 붙어 있는 종이를 보았다. 내용을 보니 기가 막힐 노릇이었다. 독립협회가 음모를 꾸며 황제를 몰아내고 공화국을 세우려고 한다는 벽보였다. 누군가가 달려들어 그 종이를 부욱 찢으며 소리쳤다.

"여러분, 우린 독립협회 회원들입니다. 여러분도 여기 쓰여 있는 글을 보셨지요? 이게 말이 됩니까? 우리가 황제를 몰아내려고 하다니……. 우리가 애국 단체라는 사실은 여러분이 더 잘 알 것입니다. 누군가 우리를 모함하기 위해서 이런 짓을 한 게 틀림없습니다."

독립협회 회원들은 억울하다는 표정으로 해명을 했다. 그러나 분위기가 심상치 않았다. 독립협회 회원들의 말에 고개를 끄덕이는 사람도 많았지만, 더러는 고개를 갸우뚱하는 사람들도 있었기 때문이다.

"허, 이거 분위기가 좀 안 좋은데……."

"예감이 별로 좋지 않아."

"황국협회 놈들한테 이번엔 제대로 당했어."

독립협회 회원들은 표정이 일그러졌다.

소문은 꼬리를 물고 사방으로 퍼져 나갔다. 마침내 고종 황제의 명령이 떨어졌다. 독립협회 회원들을 모조리 잡아들이라는 것이었다. 그와 함께 독립협회도 해산하라는 명령이 떨어졌다.

"이럴 수가……."

독립협회 사람들은 그만 넋을 잃었다. 정부에서 독립협회에 대한 본격적인 탄압이 시작되고 있었다.

"여보게들, 우선 몸을 피하세."

"그렇게 하세. 다 잡혀 가면 누가 독립협회 일을 보나?"

"좀 기다리면 시국이 좀 가라앉겠지."

"시경 군. 자네는 위험 인물 제1호야. 빨리 서두르게."

"알겠네. 자, 그럼 모두들 몸조심하세."

주시경은 보따리를 쌌다. 그 동안 독립신문을 통해 정부를 공격하는 일에 제일 앞장을 섰던 주시경이었기에 이번에 잡히면 무사하지 못할 것이다. 아무래도 서울을 떠나는 것이 좋을 듯싶었다. 군사들이 눈에 불을 켜고 찾으러 다닐 테니 서울에 숨어 있다가는 잡힐 것 같았다. 그래서 주시경은 변장을 한 다음 황해도 봉산군 쌍산면의 누님 댁으로 떠났다.

주시경은 누님 댁에서 세 달을 숨어 지냈다. 농사일을 간간이 도우면서 앞으로의 일을 생각하고 계획했다. 그러다가 서울의 동지들로부터 올라와도 괜찮다는 연락을 받고 다시 서울로 올라갔다.

11. 한글 사랑 나라 사랑

　주시경은 독립협회와 독립신문의 일로 눈코 뜰 새 없이 바쁘면서도 공부를 게을리 하지 않았다. 그만큼 그는 새로운 학문에 대한 욕구가 컸던 것이다. 배움은 배울수록 모자랐다. 1898년 9월, 그는 배재학당의 만국지지학과를 졸업하고 다시 영문과 계통인 보통과에 입학을 했다. 그 동안 연구해 온 우리말 문법이 거의 완성 단계에 이르렀는데, 아무래도 이를 튼튼히 하기 위해서는 영어의 문법을 더 공부하며 이를 우리말에 적용해 보는 것이 좋겠다는 생각을 한 것이다.

　주시경의 우리글 연구는 해가 갈수록 깊어지고 있었다. 처음에는 우리의 글을 우리가 연구하지 않으면 누가 하겠느냐는 단순한 생각으로 시작했으나, 실제로 연구를 해 보니 그게 아니었다. 주시경은 우리글의 오묘함에 깊이 빠져들고 있었다. 적은 글자의 수로 표현하지 못하는 말이 없고, 그 소리가 묘하며, 쓰기가 간편하고 아름다웠다.

　"세종 대왕께서 정말 놀라운 글을 만들어 내셨구나. 이 훌륭한 글을 우리 조상들은 왜 진작 사용하지 않았을까?"

　우리글을 연구하면 할수록 주시경은 세종 대왕의 높은 뜻에 저절로 머리가 숙여졌다. 그러면서 한글을 진작 써 오지 못한 것에 대한 죄책감에 사로잡히기도 했다. 우리 조상들이 진작 한글을 쓰며 연구를 계속해 왔다면 이렇게 어려움을 겪지 않아도 될 일이었다. 그리고 우리 한글은 또 얼마나 많은 발전을 해 왔을 것인가.

영어는 우리글과 닮은 점이 있었다. 한문이 뜻 글자라면 영어나 우리 한글은 소리 글자였다. 그렇기 때문에 글자를 조합하여 소리를 내게 되어 있었다. 그렇다면 우리글은 어떤 규칙에 의해 소리가 합쳐질까? 그리고 어떻게 글자가 만들어지고 소리를 낼까? 주시경은 선생님으로부터 영어의 문법을 공부하며 이런 것들을 우리글과 비교 연구해 나갔다.

그리하여 마침내 1898년 12월 31일, 그 동안 땀을 흘리며 연구해 오던 〈국어 문법〉을 완성하기에 이르렀다. 1893년 이 진사 댁에서 한문을 공부할 때 우리말의 필요성을 깨닫고, 배재학당에 들어가 신학문을 공부하면서 연구한 끝에 이루어진 첫 열매였으니 그의 나이 스물세 살 때의 일이었다. 이 책은 순 우리말에 대해 묻고 답하는 형식으로 쓰여 있는데, 한자가 없이 우리말로만 쓰여 있다는 것이 특징이며 자랑이기도 했다. 그러나 주시경은 이를 책으로 펴내지는 않고, 강의할 때만 이용하였다.

1900년은 놀라운 역사적 사건이 있던 해였다. 서울과 인천을 잇는 철도가 1899년 개통된 이후 완전히 연결되었기 때문이다. 기차라는 것을 처음 본 사람들은 놀라서 입을 다물지 못했다. 기찻길 옆에는 검은 연기를 뿜어내며 지나가는 기차를 보기 위해 사람들이 벌떼처럼 몰려들었다. 사람들은 세상이 갑자기 변하는 것에 놀라지 않을 수 없었다.

이 해에 주시경은 배재학당 보통과를 졸업하였다. 그는 졸업식이 있기 전 예배 시간에 배재학당을 세운 미국인 선교사 아펜젤러 목사로부터 세례를 받으며 기독교인이 되기도 하였다. 그 즈음 주시경은 벌써 우리글에 대한 권위자로 인정을 받고 있었다.

이 해 2월에 주시경은 남대문 안의 상동교회 안에 있는 사립 학숙에서 처음으로 학생들에게 국어 문법을 가르치기 시작했다. 상동 사립 학숙은 상동교회가 운영하는 조그만 사설 교육 기관이었다. 이곳에 국어 문법과를 설치하고 학생들을 가르치기 전 주시경은 상동교회를 담임하고 계신 전덕기 목사를 만났다. 그때 주시경은 이미 상동교회를 다니고 있었다.

"목사님, 찾으셨습니까?"

"아, 네. 주 선생님, 어서 오십시오."

전덕기 목사는 주시경을 의자로 안내했다. 주시경은 전덕기 목사보다 한 살 아래였지만 그의 신앙에 깊은 감동을 받은 터였으며 서로가 잘 알고 있어 가깝게 지내는 사이이기도 했다.

"목사님, 갑자기 무슨 하실 말씀이라도 계신지요?"

주시경은 의자에 앉으며 전덕기 목사에게 물었다.

"예. 아주 중요한 일을 의논하고 싶어서 만나자고 했습니다."

"영광입니다, 목사님. 그런데 중요한 일이라니요?"

"예, 아주 중요한 일이지요. 주 선생도 알다시피 우리 상동교회는 어느 교회보다도 나라와 민족을 사랑하는 교회입니다. 그래서 나라와 민족을 위하는 일이라면 지금도 발벗고 나서서 열심히 일하고 있습니다."

전덕기 목사는 힘을 주어 말했다. 주시경은 고개를 끄덕거렸다. 전 목사의 말대로 상동교회는 하나님을 섬기면서 나라와 민족을 위하는 일에도 힘쓰고 있었다.

"주 선생도 알다시피 나라가 점점 더 어려워지고 있습니다. 이대로 가다가는 나라가 외국에 넘어가지 않을까 걱정되기도 합니다. 그래서 우리가 해야 할 일이 더 많습니다. 무엇보다도 이 나라의 젊은이들을 그냥 두어서는 안 되지 않습니까?"

주시경은 전덕기 목사의 말에 감동을 받고 있었다. 전 목사의 말은 언제나 옳은 말이었다. 그런 점에서 전 목사는 애국자였다. 교회 안에 사립 학숙을 두어 젊은이들을 가르치는 것만 봐도 알 수 있는 일이 아닌가. 그런 점에서 그분은 또한 존경받을 인물이기도 했다.

"주시경 선생, 그래서 내가 부탁을 하나 하려고 합니다."

전덕기 목사는 주시경의 손을 잡았다.

"말씀하시지요, 목사님. 제가 힘이 닿는 일이라면 도와 드리겠습니다."

주시경은 힘을 주어 대답했다.

"우리 상동 학숙의 청년 학원에서 좀 가르쳐 주시오. 우리말 말입니다. 우리말, 우리글을 지키면 우리의 정신을 잃지 않는다는 것을 말이오. 이 일은 주시경 선생이 아니면 누가 할 수 있겠소?"

전덕기 목사의 눈은 별처럼 빛나고 있었다. 주시경에게는 오히려 반가운 일이었다. 비록 야학이긴 하지만 그 동안 자기가 연구해 온 우리 글을 가르친다는 것은 보람 있는 일이 아닌가.

"예, 한번 해 보겠습니다. 저도 보람 있는 일이라고 생각합니다."

주시경은 시원하게 대답을 하였다.

이렇게 하여 비록 조그만 사설 학원이었지만 우리 역사상 최초로 우리말본이 한 과목으로 등장하게 된 것이다. 이 일은 우리 국어 역사상 대단히 중요한 의미를 지녔다고 할 수 있다. 왜냐하면 세종 대왕이 우리글을 만들어 낸 지 수백 년이 지났지만 한 번도 학생들을 모아 놓고 우리말을 정식으로 가르쳐 본 일이 없었기 때문이다. 그런 점에서

이는 우리 국어 역사상 처음 있는 일로 기념할 만한 사건이었던 것이다. 그렇기 때문에 주시경은 온 정성을 다해 우리글을 학생들에게 가르쳤다.

그러자 이번에는 다른 곳에서도 연락이 왔다.

"주시경 선생, 우리에게 한국말 좀 가르쳐 주시오."

1901년 1월, 주시경은 외국인 한국어 연구소의 초청도 받게 되었다. 한국말을 연구하고 가르치는 다른 선생이 없었으니 외국인들도 주시경을 찾을 수밖에 없었던 것이다. 그래서 주시경은 1905년까지 외국인들에게 우리말과 우리글의 문법을 가르쳤다. 뿐만 아니라 이화학당의 영국인 의학 박사에게는 한국어를 개인 과외 하기도 하였다.

이렇게 바쁜 중에서도 그는 서울 수진동에 있는 홍화학교에 입학하여 측량 기술을 배우기도 했다. 뿐만 아니라 한성 외국어 학교에서 일본어와 중국어 강의를 들었고, 혼자 힘으로 우리말 연구 외에 식물학, 기계학 등도 공부해 나갔다.

주시경의 발길은 더욱 바빠졌다. 낮에는 외국인들의 우리말 선생이 되어 뛰어다녔고, 밤에는 상동 청년 학원에서 대한 국어 문법을 학생들에게 가르치며 우리말의 연구에 더욱 박차를 가했다. 학생들을 가르치며, 학생들의 질문을 받으며, 더 필요한 자료를 연구하고 보충하여 '대한 국어 문법'을 더욱 체계 있게 정리해 나갔다.

주시경은 이제 본격적으로 국어 운동에 뛰어들었다. 지난날 독립협회의 일을 보며 나라를 구하기 위해 몸으로 부딪쳐 싸웠던 일에서 서서히 방향을 바꾸기 시작한 것이다. 우리의 말과 글을 통해 백성들을 깨우치는 운동도 곧 위기에 빠진 나라를 구하는 길임을 깨달았기 때문이다.

'호랑이에게 물려 가도 정신만 잃지 않으면 산다고 하지 않았던가. 맞아, 우리 민족의 정신과 혼을 지킬 수 있는 길이 바로 여기에 있어. 이 얼마나 좋은 일인가. 누구에게 방해받을 일도 없고, 나라에서 못하게 막을 이유도 없다. 마음대로 가르치고 또 우리 민족 정신도 불어넣을 수 있으니 이거야말로 일거양득이 아닌가.'

주시경은 기쁜 마음으로 국어 연구와 국어 운동에 온 힘을 쏟았다. 상동 청년 학원에서는 이렇게 일 년 동안을 가르치다 이듬해에 사정상 그만 두게 되었다.

정동 제일 교회 안에는 미국인 선교사가 운영하는 부인 병원이 있었다. 이 병원은 선교사이며 의사인 스크랜턴이라는 분이 세웠는데, 순전히 여자들만을 위한 병원이었다. 이곳에서는 간호원을 기르기 위해 간호원 양성 교육을 시작하였다. 스크랜턴 선교사는 한국어 교사를 찾았다. 교육 기관인데 당연히 한국어 과목이 있어야 했다. 그래서 마침 상동교회 교인이며 국어학의 권위자인 주시경을 초청하게 되었다.

"주시경 선생, 만나게 되어서 반갑습니다. 나는 이 병원을 운영하고 있는 의사이자 선교사인 스크랜턴이라고 합니다."

키가 큰 스크랜턴 씨는 푸른 눈을 반짝이며 악수를 청했다.

"아, 예. 주시경이라고 합니다. 만나게 되어서 영광입니다."

주시경은 손을 내밀며 웃어 보였다.

"선생을 우리 학원의 교사 겸 사무원으로 모시고 싶습니다. 오셔서 학생들에게 한국어를 가르쳐 주시면 고맙겠습니다."

스크랜턴 선교사의 말을 주시경은 기쁘게 허락했다. 우리의 말과 글을 가르쳐 달라는데 반갑지 않을 리가 없었다. 그는 여기서 1905년 1월까지 우리말의 문법과 역사를 비롯하여 지리와 산수를 학생들에게 가르쳤다.

1905년 2월, 주시경은 다시 상동 청년 학원의 교사로 돌아왔다. 상동 청년 학원은 이미 사회적으로 이름 있는 분들이 운영하는 학원으로 서울에서는 청년 운동의 중심 역할을 하고 있는 곳이었다. 그는 1907년 6월 그만둘 때까지 이곳에서 국어를 비롯하여 문법, 역사, 지리까지 가르쳤다. 교사가 부족한 때라 여러 과목을 맡지 않으면 안 되었던 것이다.

그러나 주시경은 한시도 국어 연구에서 손을 떼지 않았다. 모든 기회를 국어 연구에 활용하였다. 어떻게 하면 우리말의 문법을 밝혀내고, 이를 정리하여 체계화하며, 이것을 우리 언어 생활에 알맞게 쓸 수 있을까 하는 생각뿐이었다. 그러다 보니 조금도 쉴 틈이 없었다. 여건이 마련되면 강습회를 열어 사람들에게 국어 문법과 올바른 국어 교육을 가르치는 것이 그의 목적이었다. 한글을 사랑한다는 것은 곧 한글을 바르게 알고 사용하는 것이며, 이는 또한 나라를 사랑하는 길이었기 때문이었다.

12. 주 보따리 한글 선생님

    1905년 을사 보호 조약이 맺어졌다. 을사 조약이란 을사년인 1905년에 일본이 우리 나라를 보호해 준다는 이름 아래 강제로 맺게 한 조약으로, 그 내용의 핵심은 우리 나라의 외교권을 빼앗는 데 있었다. 이는 일본이 우리 나라를 보호해 준다고 하면서 사실은 우리 나라를 집어삼키려는 음모였던 것이다. 이 조약은 일본의 힘에 의해 강제로 맺어진 것이기도 하였지만, 우리 나라가 조약에 대해 잘 모르고 있던 무식함에서 일본에 조종을 받고 있던 몇몇 대신들이 덜컥 도장을 찍어 벌어진 일이기도 했다. 이로 인해 우리 나라는 다른 나라와의 모든 외교 관계에 직접 나설 수가 없게 되었고, 일본이 대신해서 나섰으니 우리 나라는 허수아비에 불과하게 되었다.

    "아이고, 이제 우리 나라는 망했다!"

    "일본놈들 속임수에 넘어가 나라를 빼앗기게 되었어!"

    "조약에 도장 찍은 대신들을 죽여야 해."

    "다 소용없어. 우린 우리 땅에서 주인 행세도 할 수 없게 되었네!"

    나라를 걱정하는 똑똑한 사람들은 땅을 치며 분해했다. 심지어는 분함을 참지 못해 스스로 목숨을 끊는 사람도 있었다. 민영환은 그때 나라의 대신으로 있었는데, 나라를 빼앗기게 된 것이 원통하여 이 조약을 무효로 선언하라며 고종 황제께 상소를 올렸다. 그러나 뜻을 이루지 못하자 분함을 참지 못한 그는 1905년 11월 4일 새벽, 국민과 외국 공사들에게 보내는 편지를 남기고 자결을 하고 말았다.

그뿐이 아니었다. 공조 판서로 있던 최익현은 을사 조약이 맺어지자 이를 반대하여 다음 해 6월 전라도 순창에서 의병을 일으켜 일본에게 대항했다. 그러나 제대로 훈련을 받지 못한 의병은 패하고 최익현은 붙잡혀 대마도로 귀양을 가게 되었다. 그곳에서 최익현은 원수의 나라에서 주는 음식은 먹지 않겠다며 단식 투쟁을 벌이다 결국 굶어 죽고 말았다.

1907년 2월, 주시경은 이상재, 이갑, 양기탁 등 70여 명의 동지들과 함께 일본 경찰의 눈을 피해 탑골의 스님들이 머무는 방에서 몰래 최익현의 추도식을 가졌다. 그리고 그 자리에서 '광무사'라는 단체를 만들고, 첫 번째 사업으로 일본 사람이 공사를 진행하고 있는 철도권을 도로 찾기로 하고 이를 추진하였다.

이처럼 을사 조약에 대한 국민들의 저항은 점점 거세져 갔다. 그러나 어찌하겠는가, 이미 물은 엎질러지고 만 것을……. 참으로 안타깝고 원통한 일이었다. 을사 조약 사건 이후, 백성들 사이에는 '배워야 산다.'라는 말이 유행어처럼 퍼져 나가기 시작했다. 소 잃고 외양간 고치는 격이지만, 더 이상 속지 않으려면 배워야 한다는 뜻이었다. 그리하여 서울과 시골에는 여기저기서 새로운 학교가 생겨나게 되었다. 일본을 몰아내야 한다는 국민들의 감정은 이제 정부나 대신들을 믿지 않으려 했다.

"더 이상 나라를 믿을 수 없어."

"이러다가는 나라를 아주 빼앗겨 버릴 거야."

"더 늦기 전에 우리도 학교를 세우고 새로운 교육을 해야 해."

"암, 그렇고말고. 더 이상 속지 않으려면 우리도 머리가 깨어야 해."

나라를 걱정하는 사람들은 스스로 학교를 세워 학생들에게 애국 정신과 독립 정신을 불어넣어 주는 민족 교육을 시키려고 서울에 여러 학회를 조직하였다. 이 학회들이 나중에 학교를 세우는 데 중심 역할을 하게 되었다.

이 중 서우학회는 대표적인 단체로 1906년 말에 세워졌는데, 민족 정신을 높이고 독립 정신을 깨우치려는 애국 단체였다. 주시경은 이 단체의 '서우'라는 회보를 발간하는 데 일을 보기도 하였으며, 또한 서우학교에서 학생들을 가르치기도 했다. 서우학교를 세우기까지는 사실 주시경의 공로가 컸다. 서우학회를 세웠던 이갑과 노백린 같은 분들은 당시 평안도에서도 알아주는 부잣집 아들이었다. 그런데 이갑의 아버지는 당시 세력가로 떵떵 호령을 치며 살던 민 모라는 사람에게 재산을 조금씩 조금씩 다 빼앗기게 되었다.

'이러다가는 얼마 남지 않은 재산도 결국 다 빼앗기고 말겠군.'

그리하여 이갑은 남은 토지를 다 팔아 처분하고, 자기는 일본으로

유학을 떠났다. 일본에서 군관 학교를 졸업한 뒤 이갑은 귀국하여 나라의 군대를 지휘하는 높은 자리에 오르게 되었다. 이미 그때는 일본을 등에 업은 사람들이 판을 치는 때라 한때 큰 힘을 가졌던 민 모도 재산만 있을 뿐 이미 권세는 예전만 못했다.

"영감, 나를 알아보시겠소?"

어느 날 그 민 모의 집에 긴 칼과 권총을 찬 군대 장교 한 사람이 부하들과 함께 찾아왔다.

"그, 글쎄요, 누구신지……."

민 모는 겁을 집어먹고 눈을 두리번거렸다.

"이갑이오. 하하하, 이갑을 모른다고는 하지 않겠지요?"

민 모는 이갑이라는 말에 뒤통수를 한 대 얻어맞은 듯 눈앞이 캄캄했다. 일본으로 도망갔다던 이갑이 나라의 군대 장교가 되어 나타났으니 어찌 놀라지 않겠는가. 전에는 자기가 더 높은 벼슬에 있어서 힘을 썼지만 이제 이갑을 얕볼 수 없게 된 것이다.

"이, 이갑이라고?"

민 모는 벌벌 떨며 더듬거렸다.

"그렇소. 영감이 우리 집에 어떤 짓을 했는지 잘 알고 있겠지요? 더는 말하지 않겠소. 그때 가져간 재산을 다 내놓으시오."

"그 무슨 망발인가? 어디 와서 행패를 부리는가?"

민 모는 그래도 위엄을 지키려고 호령을 했다.

"아직도 이 영감이 세상 바뀌어 가는 줄 모르는군. 행패? 행패라면 나도 할 말이 있지. 누가 행패를 부려 우리 재산을 빼앗고 망하게 했지?"

이 갑은 권총을 빼 들고 민 모에게 으름장을 놓았다.

"자, 자네, 왜 이러는가? 그, 그거는 저리 치우고 이야기하게."

민 모는 벌벌 떨면서 어쩔 줄을 몰라했다. 하인들이 있어 봤자 그들도 겁을 집어먹고 있기는 마찬가지였다. 그 후로 이 갑은 몇 번을 더 찾아가 민 모를 괴롭혔다.

이때 주시경은 그 소식을 듣고 유길준 등 학자들과 미리 짜고서 민 모의 집을 찾아갔다.

"저는 주시경이라 하고, 이분은 유길준이라는 사람입니다. 이 갑과는 잘 아는 사이지요. 영감께서는 이제 이 갑의 집에서 빼앗아 간 재산을 다 내놓지 않으면 안 되게 되었습니다."

"……"

민 모는 담배만 피워 댈 뿐 아무 말이 없었다.

"어차피 도로 내놓을 것이라면 당신도 좋은 이름을 남기고 내놓는 방법이 있습니다."

주시경의 말에 민 모는 잠시 생각을 했다. 그러지 않아도 아깝지만 재산을 내놓지 않으면 안 될 것 같다는 생각을 하고 있던 참이었다. 더 이상 이 갑에게 시달림을 받기가 힘들었기 때문이었다. 그런데 좋은 제안이 들어오니 약간은 귀가 솔깃하였다.

"……그게 무엇이오?"

"학교를 세우는 데 내놓는 것입니다. 그러면 나라를 위한 좋은 일에 썼으니 당신 이름도 빛나게 될 것이요, 또한 억울한 생각도 없을 것이 아니겠습니까?"

주시경은 민 모를 설득했다. 당시에는 한창 교육 사업을 일으키고 있던 때라 뜻 있는 사람들은 돈을 대어 학교를 세우고 있었다.

"그렇게 한다고 이 갑이 물러나겠소?"

"그 일은 염려하지 마십시오. 허락해 주신다면 나머지는 우리가 알아서 처리하겠습니다."

"좋소이다. 그렇게 해 주신다면 그리 해 보겠소이다."

"알겠습니다. 그럼 그렇게 결정된 것으로 알겠습니다."

이렇게 해서 서우학교가 세워지게 되었다. 물론 나라를 위해 학교를 세우는 데 돈을 쓰는 일이었으니 이 갑도 허락하였다.

서울 장안에 여러 학교가 설립되면서 주시경의 발걸음은 더욱 바빠지게 되었다. 여기저기서 강의를 해 달라는 부탁이 밀어닥쳤기 때문이다. 주시경은 1906년 10월, 그 동안 사용해 오던 〈대한 국어 문법〉을 더 보충하고 정리하여 국어 강습회 강의용 교재로 펴냈다. 이 책은 우리 나라 국어학 사상 맨 처음 펴낸 책으로 대단히 뜻깊은 것이었다.

1907년 7월, 주시경은 상동 청년 학원에 국어 강습소를 설치하고 본격적인 국어 강습회를 열었다. 휴가를 이용하여 교사들을 위한 강습회였다. 무엇보다도 학생들을 가르치는 교사들이 올바른 우리말 지식을 갖고 있어야 한다는 생각에서였다. 그리하여 매년 여름이면 교사들을 위한 국어 강습회가 열리게 되었다.

뿐만 아니라 매주 일요일 오후 2시부터는 상동 청년 학원에서 국어 문법을 가르치고, 1907년 11월부터는 상동 청년 학원 안에 국어 야학과를 설치하여 매일 밤마다 청년들에게 국어 문법을 가르쳤다. 이 국어 야학교는 1909년 12월까지 계속되었다.

주시경의 국어 운동은 상동교회 안의 청년 학원에서 본격화되기 시작하였다. 이미 1906년 11월 창동에 있는 정리사에 입학하여 수학과 물리를 배우고 있던 그는 낮에는 상동교회 안의 공옥학교에서 국어를 가르치고, 일요일 오후에는 국어 강습회를 열면서 눈코 뜰 새 없는 시간을 보내고 있었다. 그러면서도 그는 배움을 게을리 하지 않아 1909년 12월까지 정리사에서 공부를 했다. 이러한 공부는 우리말의 독창적인 분석을 하는 데 커다란 도움이 되기도 했다.

국어 강습회를 열면서 바빠지기 시작한 주시경은 여러 학교를 돌면서 일주일에 40시간이나 강의를 하러 다녔다. 상동 청년 학원을 비롯하여 공옥학교, 명신여학교에서는 교사로 있으면서 학생들을 가르쳤다. 공옥학교는 상동교회 안에 세워진 교회 계통의 학교로 1905년에 문을 열었는데, 상동교회 목사였던 전덕기, 선교사인 존스와 벙커, 그리고 최병헌 목사의 힘이 컸다. 또한 명신여학교는 1906년 5월에 영친왕의 어머니인 엄비가 세운 학교로 꽤 이름이 알려져 있었다.

주시경이 이렇게 국어 교육에 온 힘을 쏟은 것은 돈을 바라고 한 것이 아니라 이 나라를 짊어지고 갈 학생들이 올바른 우리말을 사용하게 해야 한다는 생각에서였던 것이다. 그 외에도 이화학당을 비롯하여 홍화학교, 중앙학교, 휘문학교, 보성학교, 융희학교 등에서 쉬지 않고 학생들에게 국어 교육을 시켰다.

주시경에게는 언제부터인가 '주 보따리', '주 보퉁이'라는 별명이 따라다니기 시작했다. 학생들을 가르치기 위해 강의할 자료들을 보자기로 싸 가지고 다니다 보니 언제부터인가 붙기 시작한 별명이었다.

그러나 그 별명은 부끄럽다기보다 오히려 자랑스러운 것이었다.

어느 날 주시경은 자기 이름을 학생들에게 풀이해 주게 되었다.

"내 이름은 여러분도 알다시피 주시경입니다. 물론 한자 이름입니다. 두루 주(周), 때 시(時), 글 경(經)자를 쓰고 있습니다. 우리 한글도 좋은 이름이 많은데 우리는 이렇게 한자 이름을 쓰고 있습니다. 그러니 지금부터 내 이름을 여러분은 '두루때글'이라고 불러도 좋습니다."

주시경의 말이 끝나자 학생들은 '와'하고 웃음을 터뜨렸다. 그러나 이 이름은 부르기에 아주 이상하여 별로 쓰이지 않았다. 주시경은 1912년에서 1913년 사이에 순 한글로 이름을 다시 짓게 되는데, '한힌샘'이 바로 그것이다. '한'은 '크다(大), 바르다, 첫째'라는 뜻의 순 우리말이고, '힌'은 '맑다, 높다, 온전하다'라는 뜻이며, '샘'은 '생명이다, 희생이다, 영원하다'의 뜻이다.

뿐만 아니라 그는 지금까지 자녀들의 이름을 지을 때 한문식으로 돌림을 넣어서 짓던 풍습을 깨고 순 우리말로 이름을 지었다. 지금은 그래도 시대가 많이 변해 자녀들의 이름을 아름다운 순 우리말로 짓는 경우가 많이 있으나 당시는 생각하지도 못할 일이었다. 그 당시 한글 이름을 지어서 지금의 동사무소에 제출하면 이게 무슨 이름이냐고 퇴짜를 놓고 다시 한문으로 지어 오라고 받지를 않던 때였다. 이렇게 우리말은 우리 나라 안에서도 천대를 받던 시절이었다. 이런 때에 주시경이 싸워 가며 우리말로 자녀들의 이름을 지은 것은 그의 우리글

에 대한 사랑과 정신을 엿볼 수 있는 일이기도 하다.

 참고로 그 자녀들의 이름을 보면 맏딸의 이름은 '솔메(松山)' 로 '소나무 산' 이라는 순 우리말 이름이다. 맏아들은 '세메(三山)' 인데 '세 산' 이라는 뜻으로 서울의 삼각산을 말함이니 곧 삼각산과 같은 인물이 되기를 바라는 뜻일 것이다. 그 외 둘째 아들은 '힌메' 로 '하얀 산' 이라는 뜻이며, 둘째 딸은 '봄메' 로 '봄의 산' 으로 '아름답고 평화로운 산' 의 뜻이고, 셋째 아들은 '임메' 로 '임금과 같이 귀한 산' 이라는 뜻이다. 돌림을 우리말 '메(산)' 로 한 것은 산은 어떤 비바람에도 움직이지 않고 변하지 않는 든든함에서 따온 것이다.

 이렇게 주시경은 이름부터 우리 문화의 주체성을 살리고, 우리말의 아름다움을 살려 나가려고 앞장섰던 것이다. 우리의 말과 글을 쓰지 않으면 점차 없어지게 되는 것이며, 그것은 곧 우리 민족의 정신과 얼을 잊어버리는 것이라는 확신을 갖고 있었다.

 국어 운동은 단순히 가르치는 운동뿐이 아니라 보다 우리말을 체계 있게 연구하기도 하는 운동이었다. 이 무렵 지석영이라는 분은 훈동에 있는 경성의학교의 교장으로 있었는데, 그곳에 '국문연구회' 를 열었다. 지석영은 당시 의학자로서 천연두를 예방하는 종두법을 일본에서 배워 온 분이었다. 천연두는 한 번 걸리게 되면 심한 열로 죽게 되거나 살더라도 얼굴이 얽어 곰보가 되는 무서운 전염병이었다. 그런데 지석영이 종두법을 배워 와 이를 예방하게 되었다.

 또한 지석영은 우리말에도 관심을 두고 국문연구회를 연 것이다.

주시경은 이곳에서 연구원으로 있으면서 우리말에 대한 연구에도 힘을 쏟았다. 1905년 지석영은 '신정국문' 실시를 고종 황제에게 건의했다. '신정국문' 이란 지금의 맞춤법 통일안이나 마찬가지였다. 그래서 그 해 7월에 신정국문 실시가 발표되었다. 거기에는 몇 가지 문법적으로 중요한 내용이 있었다. 닿소리(자음) 중 ㅿ(반치음)과 ㆁ(옛이응)을 없애고 14자로 하자는 것과 홀소리(모음) 중 ㆍ(아래아)를 없애자는 것, 그리고 된소리는 ㄲ,ㄸ,ㅃ,ㅆ으로 쓰자는 것 등이었다.

이에 자극을 받은 주시경은 국어 연구와 사전을 펴내는 일에 대하여 상소를 올렸다. 좀더 우리글에 대한 체계적인 연구가 필요하다는 것과 그러기 위해서는 세종 대왕 때 있었던 한글 연구 기관인 '정음청' 같은 것을 두어 국어 부흥 운동을 시키자는 것이었다. 이렇게 하여 1907년 7월에 나라에서는 학부(지금의 교육부와 비슷) 안에 '국문연구소'를 설치하게 되었던 것이다. 이는 세종 대왕이 한글을 펴낸 이후, 그리고 연산군이 한글을 버린 이후 처음으로 나라에서 우리글에 대한 관심을 두었다는 점에서 매우 뜻 깊은 것이었다.

그때까지 우리글은 천대를 받아 왔고, 글을 아는 양반 사대부들은 한자만을 써 왔다. 그러니 우리글은 안방을 지키는 여자들에 의해서 겨우 이어져 왔고, 제대로 우리글에 대한 연구도 되어 오지 않았으니 문법이 틀리고 철자법이 열의 열 사람이 다 달랐다. 그러니 빨리 우리글의 문법이 만들어지고 통일된 표기법이 필요했다.

주시경이 이능화 등과 함께 국어 연구와 사전 편찬 사업에 대한 건의문을 제출한 것도 이 때문이었다. 우리말의 연구와 함께 무엇보다도 우리말을 모으고 정리해야 하는 일은 중요한 일이었다. 말이라는 것은 새로 생겨나기도 하고 없어지기도 하는 것이기에 이를 정리해 놓지 않으면 아름답고 좋은 우리말을 많이 잃어버리게 된다. 그런 점에서 학부(지금의 교육부) 안에 '국문연구소'를 설치한 것은 너무도 잘한 일이었다. 주시경은 이 국문연구소에서 일할 15명의 연구 위원에 들게 되었는데, 그의 연구 업적은 다른 어느 사람들보다도 단연 으뜸이었다. 이 곳에서 연구된 내용들은 다음과 같다.

1. 우리말의 근원
2. 우리글의 모양과 발음의 근원
3. 우리말의 첫소리에 쓰였던 옛날 글자들을 다시 쓸 것인가 하는 문제
4. 우리말의 첫소리에 쓰이는 여섯 자 'ㄱ, ㄷ, ㅂ, ㅅ, ㅈ, ㅎ'에 대하여
5. 우리말의 가운뎃소리에 '='를 새로 만들고 'ㆍ'를 없애는 것에 대하여
6. 받침으로 쓰는 'ㄷ, ㅅ' 두 자의 쓰는 법과 'ㅈ, ㅊ, ㅋ, ㅌ, ㅍ, ㅎ' 여섯 자도 끝소리에 쓸 수 있는가에 대하여
7. 자음과 모음의 이름을 정하는 것에 대하여
8. 철자법에 대하여

이 내용들도 주시경이 나라에 건의할 때 제시했던 것이었다.

주시경을 비롯한 어윤적, 이능화, 권보상, 이억, 윤돈구, 현은, 지석영, 이종일 등 15명의 위원들은 각각 이 내용들에 대하여 연구하고 토론하여 종합된 의견을 나라에 제출하였다. 그러나 애석하게도 학부 대신(지금의 교육부 장관)이 바뀌고, 나라가 점점 기울어 가면서 거기까지 손 쓸 기회가 없었던지 그만 흐지부지되고 말았다. 주시경의 한글 연구는 1908년에 나온 〈국어문전음학〉, 1909년에 나온 〈국어문법〉을 비롯하여 1914년에 나온 〈말의 소리〉까지 이어졌으니 그의 한글 연구 업적은 대단한 것이었다.

1910년 일본은 마침내 우리 나라를 강제로 빼앗아 버렸다. 이 해 10월에 육당 최남선은 광문회라는 것을 조직했다. 최남선은 문학가요 역사학자로 이름이 널리 알려져 있는 사람이었다. 10년 뒤인 1919년에 3·1 만세 운동이 일어나는데, 그때 독립선언서를 처음 지은 사람이 최남선이었다.

광문회란 '우리글을 빛나게 한다.' 라는 뜻의 이름인데, 일본이 우리 나라를 강제로 빼앗아 버리자 우리 나라의 귀한 책들을 지키고 보존하기 위해 만든 단체였다. 주시경은 최남선의 요청으로 광문회에서 일을 하게 되었는데, 특히 말모이(사전)를 만들어 내는 일을 맡아 보았다. 이때 여기서 펴낸 책은 〈동국통감〉, 〈삼국사기〉, 〈해동역사〉, 〈대동운부군옥〉, 〈해동소학〉, 〈아언각비〉, 〈훈몽자회〉 등이었다. 이는 매우 획기적인 일로 주시경이 중심이 되어 펴낸 책들이었다.

사전을 펴내는 일은 시간과 노력이 많이 필요한 일이었다. 주시경은 이 일에 온 힘을 쏟으며 매달렸으나 얼마 안 가서 그만 안타깝게 세상을 떠나고 말았다. 그로 인해 사전을 펴내는 일은 그만 중단되는 불운을 맞게 되었다. 그 후 다른 몇몇의 사람들이 사전 펴내는 일을 계속해 보려고 노력해 보았으나 경비가 부족했고, 나중에는 일제의 방해로 내지 못하고 있었다. 그러다 1945년 해방 후 미국의 도움으로 한글학회에서 마침내 '우리말 큰사전'이 나오게 되었으니, 주시경이 이 일을 시작한 후 참으로 오랜 시간 후의 일이었다.

13. 별은 어둠 속으로 떨어지고

　1910년은 우리 민족에게 불행한 해였다. 앞에서 말한 바와 같이 일본이 한일 합방 조약을 맺으며 우리 나라를 강제로 빼앗은 것이었다. 그들 말로는 한일 합방이라 하지만 사실은 원하지도 않았는데 우리의 주권을 강제로 빼앗아 간 것이다. 우리 나라를 손아귀에 넣자 그들은 드디어 악마의 손길을 뻗치기 시작했다. 우선 그들은 우리 민족의 얼과 정신까지 없애려고 눈에 불을 켰다.
　'모든 학교에서는 일본어 시간을 늘리고 조선어 시간을 줄일 것.'
　'조선의 역사를 가르치지 못하게 하고, 일본의 역사가 가장 뛰어나다는 것을 가르칠 것.'
　이런 식으로 학교에서 우리말과 문화에 대한 탄압을 시작했다. 학교에서는 말 잘 듣는 우리 나라 선생들만 남겨 놓고 조금이라도 눈엣가시처럼 보였던 선생들은 다 쫓아냈다. 그 대신 일본 선생들이 들어와 그 자리를 채웠다. 그래도 몰래 우리 나라 말과 문화의 우수성을 가르치는 선생들이 있었다. 그러나 오래 가지 못했다. 무시무시한 칼을 찬 일본 경찰이 찾아와 붙잡아 갔던 것이다.

'아, 이제 우리 나라는 망했구나!'

나라를 걱정하는 많은 사람들은 탄식을 했다. 어디에서도 우리말, 우리 역사와 문화를 가르칠 수가 없었다. 일본 경찰이 얼마나 눈을 부라리며 감시하는지 숨도 제대로 못 쉴 지경이었다. 그러니 이름이 나 있는 애국 지사들에 대한 감시는 더했다.

1910년 평안북도 선천에서 안명근이라는 사람이 일본 총독인 데라우치를 죽이려다 실패한 사건이 일어났다. 일제 총독은 당시 우리 나라를 식민지로 다스리는 최고 높은 사람이었다. 일본 경찰은 깜짝 놀랐다. 그도 그럴 것이 첫 번째 우리 나라에 왔던 총독 이토 히로부미는 몇 년 전에 만주 하얼삔 역에서 우리 나라의 애국 지사인 안중근 의사의 손에 죽임을 당했기 때문이다. 그때도 경비가 삼엄했으나 이토 히로부미 총독은 결국 정의의 총알을 맞고 쓰러진 것이다.

그 다음 두 번째 총독으로 데라우치가 부임해 왔다. 한 번 혼이 난 일본 경찰은 삼엄하게 경비를 섰다. 그런데 선천역에서 데라우치 총독을 죽이려는 암살 사건이 또 일어난 것이다. 그것도 암살범을 잡고 보니 안중근 의사의 사촌 동생이 아닌가.

"이거 큰일났스무니다. 이대로 조선 놈들을 두었다가는 일 내겠스무니다."

"그렇스무니다. 이번 일로 애국한다는 놈들을 모조리 잡아들여 족쳐야 하무니다."

"아주 뿌리를 뽑아 버려야 하무니다."

일제는 이를 부드득 갈았다. 그리고 흉계를 꾸미기 시작했다.

마침내 일제는 이 사건을 빌미로 많은 애국 지사들을 잡아들이기 시작했다. 이들이 데라우치 총독을 암살하려 했다는 음모를 꾸몄다고 거짓말을 하면서…….

당시 우리 나라에는 애국 단체로 신민회가 있었다. 1905년 을사 조약이 맺어지자 이 소식을 들은 안창호가 1906년 미국에서 돌아와 비밀리에 동지들을 모아 조직한 독립 운동 단체였다. 여기에 가입한 동지들은 이갑, 전덕기, 양기탁, 이동녕, 이동휘, 신채호, 노백린 등이었는데, 총 800여 명까지 늘어났으며, 2명 이상 서로 알지를 못하게 했다. 이들은 정치, 경제, 문화, 교육 등 각 방면에서 부흥 운동을 전개하는 데 앞장섰으며, 유명한 평양의 대성학교, 정주의 오산학교 등도 신민회의 사업으로 세워진 것이다.

그런데 일본 경찰이 데라우치 총독 암살 사건을 이들에게 뒤집어씌웠다. 그렇지 않아도 일본 경찰이 신민회를 눈엣가시처럼 보고 있었기 때문이다. 애국 지사라고 하는 사람들이 거의 다 신민회에 가입해 있었던 것도 그 이유였다. 일본 경찰은 이 사건을 뒤집어씌워 애국 지사들 600여 명을 잡아 가두었다.

"누구냐? 말해라! 말하지 않으면 모두 죽을 것이다."

"신민회가 이 일을 꾸민 거지?"

일본 경찰은 잡혀 들어온 애국 지사들을 고문했다. 그리고 마침내 제일 중요한 인물이라고 생각한 105명 만을 남겨 놓고 나머지는 풀어

주었다. 이것이 바로 '105인 사건'으로, 이는 일본 경찰이 신민회를 깨부수고 애국 지사들을 감옥에 잡아넣기 위해 거짓말로 꾸며낸 사건이었다.

이들 105명 중에는 대부분 주시경과 함께 애국 운동을 하며 가깝게 지냈던 사람들이 많았다. 다행히 주시경은 일본 경찰에 붙잡혀 들어가진 않았으나 고문을 당하고 나오는 동지들의 모습을 보고 너무 가슴 아파했다. 더구나 나라를 위해 진짜 일할 애국 지사들은 감옥에 갇혀 버리고 말았으니…….

이 일로 독립 운동 단체였던 신민회는 그만 깨지게 되었다. 중심 인물들이 감옥에 들어가 있고, 더구나 일제의 감시가 심하니 감히 엄두도 못 내었다. 풀려 나온 애국 지사들은 일본 경찰의 눈을 피해 뿔뿔이 흩어지고 말았다.

한편 중국에는 널리 이름이 알려진 문학가 양계초가 있었는데, 그가 우리 나라를 다녀가게 되었을 때 광문회를 방문한 적이 있었다. 그 때 광문회에서 일을 보고 있던 주시경은 양계초와 인사를 나누게 되었고 그와 사귀면서 〈안남 망국사〉라는 책을 얻어 읽게 되었다. 안남은 지금의 베트남을 말하는 것인데, 베트남이 어떻게 해서 프랑스에 의해 망하게 되고 식민지 생활을 하게 되었는지를 알려 주는 귀중한 자료였다.

'이거야말로 지금 우리 처지와 너무 똑같지 않은가!'

주시경은 깜짝 놀랐다. 베트남이 망하게 되는 과정이 현재 우리 나라와 너무 똑같았기 때문이다. 이대로 간다면 우리 나라도 일본의 식민지 노릇을 할 것이 불 보듯 뻔한 일이었다.

'이것을 번역하여 쉬운 우리말로 펴내자. 그래서 많은 사람들이 이 책을 읽어 일본의 음흉한 음모를 알게 하자.'

주시경은 한문으로 쓰여 있는 이 책을 번역하여 1911년 박문서관이라는 곳에서 발간하였다. 하지만 일본이 가만있을 리 없었다. 일제는 우리 나라 사람들이 그 책을 사서 읽지 못하도록 금지하였다. 그러나 사람들은 몰래 이 책을 숨겨 돌려 가며 읽었다. 이 때문에 주시경이 일본 경찰의 더 심한 감시를 받게 된 것은 당연한 일이었다.

주시경은 1910년 박동에 있는 보성학교 강사를 그만두고 이듬해 조선어 강습원의 강사로 일하게 되었다. 그리고 1912년 3월 처음으로 졸업생을 내게 되었는데, 이 중에는 최현배도 있었다. 그는 주시경의 뒤를 이어 나중에 우리 나라의 큰 국어학자가 되었다. 최현배뿐이 아니라 강습원에서 주시경의 강의를 들은 학생들은 모두 550여 명인 것으로 보이며, 이 중 김윤경, 권덕규, 김두봉, 정열모 등 많은 국어학자들이 나중에 그의 뒤를 이었다. 이때 주시경은 국어 강습을 마치고 졸업장을 주었는데, 최현배가 받은 졸업장을 보면 순 우리말로 문장을 쓴 것이었다. 당시 한문을 많이 쓰던 때이고 보면 이 또한 획기적인 일이 아닐 수 없었다.

'우리 나라의 성씨는 한자 문화의 수입에서 비롯된 것이다. 이것은 우리 조상들에게서 물려받은 것이 아니다. 우리말을 가지고 살면

서 우리말로 성씨를 갖고 있지 못한 것은 부끄러운 일이 아닌가.'

주시경은 우리의 성씨도 우리말과 우리글로 해야 마땅하다고 주장했다. 그리고 솔선해서 이때 '한힌샘'이라고 이름을 지어 부르게 된 것이다. 1913년 3월 국어 강습원의 고등과 졸업 증서에 그의 제자이며 강습원장인 남형우와 함께 우리말로 성씨를 나타내었는데, 스승 한힌샘이라고 쓰여 있다. 1912년 초등과 졸업증에는 원장 남형우, 강사 주시경이라고 되어 있는데, 1년 뒤인 고등과 졸업증에는 원장 남형우를 어른 솔벗매로, 자기 자신을 스승 한힌샘이라고 한 것을 보면 우리말에 대한 그의 극진한 사랑을 엿볼 수 있다. 성이나 이름 뒤에 붙는 '님' 자도 한자어인 '씨(氏)' 대신에 사용하도록 그때 만들어져 지금까지 사용해 오고 있는 것이다.

그러나 무엇보다도 놀라운 일은 이때 주시경은 '한글 가로 풀어쓰기'를 부르짖고 나왔다는 사실이다. 이 한글 가로 풀어쓰기는 아마도 영어에서 본뜬 것으로 보이는데 당시에는 깜짝 놀랄 일이 아닐 수 없었다.

영어는 자음과 모음을 가로로 쓴다. 여기에서 생각하여 우리글도 영어처럼 가로로 풀어쓰면 더 편리하게 될 것이라는 생각을 했던 것으로 보인다. 이것은 앞으로 한글을 기계화하여 사용할 때 실제로 대단히 중요한 문제였다. 영어는 자음과 모음을 가로로 쓰니 타자기 같은 기계로 쉽게 칠 수가 있었다. 그러나 한글은 받침이 있어 기계화하는 데 어려움이 있다는 것을 주시경은 깨닫고 있었던 것이다. 실제로

1913년 3월 강습생 졸업장에는 한글을 풀어쓴 졸업장이 선보이게 되었다.

한글 가로 풀어쓰기란 예컨대 한힌샘을 '하ㄴ 히ㄴ 새ㅁ' 처럼 기록하는 것이다. 주시경은 '우리글의 가로쓰기 익힘'이란 글에서 가로로 쓰는 것이 보기와 박기(인쇄)에 가장 좋다고 하였다. 뿐만 아니라 숫자도 한글 자음(닿소리)으로 적는 방법도 시도해 보았다. 이에 대한 자세한 소개는 1914년에 나온 〈말의 소리〉라는 그가 펴낸 책에서 자세히 설명하고 있다. 〈말의 소리〉는 지금까지 그가 연구한 한글에 대해 총정리를 한 것으로 한자 없이 순 한글로만 쓰였다는데 또한 큰 뜻이 있다. 주시경은 이 책에서 다음과 같이 적고 있다.

나무가 자라는 것은 하늘이 하는 일이요, 그 나무를 가꾸는 일은 사람이 하는 것이니, 우리가 할 일은 우리말을 다듬어서 바르게 말하고 적는 것이다.

이것을 보면 주시경이 얼마나 우리말을 사랑하고 있었나를 알 수 있다. 이렇게 주시경이 국어 강습소를 열어 한글을 계속 가르치자 일제는 서서히 주시경을 괴롭히기 시작했다. 항상 일본 경찰의 앞잡이를 몰래 들여보내 주시경이 하는 말에서 꼬투리를 잡아 시비를 걸고 경찰서로 불러 협박도 하며 위협을 가했다.

'아, 이제 우리 나라에서 우리말도 마음 놓고 가르칠 수 없겠구나!

　　'나라를 빼앗긴 이 나라 백성들이 우리말마저 잃어버린다면 어떡하나? 그것은 우리의 얼과 정신을 잃어버리는 것이나 다름없다. 내가 이 일에서 손을 뗀다면 아무도 할 사람이 없다. 우리말에 대한 연구는 계속해야 한다. 그런데 우리 나라에서는 이제 힘들게 생겼다. 저들이 가만 두지 않을 테니…….'

　주시경은 고민에 빠졌다. 일본 경찰의 감시가 심해지고 트집을 잡아 자꾸 협박을 해 오니 더 이상 견디기가 힘들었다. 많은 동지들이 벌써 외국으로 망명을 해 가고, 마음을 터놓고 이야기할 수 있는 동지들은 아직도 감옥에 갇혀 있어 의논할 동지도 이젠 없었다.

　마침내 주시경은 결심을 해야 했다. 일제와 맞서 싸우며 한글을 더 연구하기 위해서는 좀더 자유로운 곳으로 가지 않으면 안 되었다. 일본 경찰이 점점 방해를 놓더니 말을 듣지 않자 이제는 자꾸 트집을 잡는 것이었다. 이러다가는 머지않아 감옥에 붙잡혀 들어갈 것이 불을 보듯 뻔한 일이었다. 그렇게 되면 우리말 연구는 끝나고 마는 것이다.

1914년 7월, 주시경은 여름 방학을 이용해 오랜만에 부모님과 형제들이 사는 고향 평산으로 내려갔다. 나라를 떠나기 전에 부모님께 인사를 드리기 위해서였다.

"아버님, 어머님. 아무래도 한동안 뵙지 못할 것 같습니다."

주시경은 부모님께 큰절을 올렸다. 부모님과 형제들이 깜짝 놀라 눈을 휘둥그렇게 떴다.

"무슨 일이냐? 어디 먼 길이라도 떠날 참이냐?"

"예, 아버님. 일본 경찰의 감시가 심해 잠시 좀 피해 있어야 할 것 같습니다."

주시경은 그 동안의 어려운 사정을 부모님께 말씀드렸다. 아들로부터 이야기를 들은 아버지는 고개를 끄덕였다.

"네 생각이 그렇다면 그리 하거라. 네가 나라를 위해 큰 뜻을 품고 하는 일인데 어찌 말릴 수가 있느냐? 여기 걱정은 하지 말고, 몸 건강해야 한다."

아버지의 말씀에 어머니는 눈물만 닦았다.

"아버님, 어머님. 부디 건강하시고 오래오래 사시기 바랍니다."

주시경은 눈물로 부모님께 하직 인사를 올렸다.

서울로 돌아온 주시경은 곧 만주로 망명 준비를 했다. 일본 경찰이 항상 따라다니며 숨어서 감시를 하니 모든 것을 비밀로 하지 않으면 안 되었다. 만일 저들이 만주로 떠난다는 것을 알면 또 가만 있지 않을 것이 분명하기 때문이었다.

7월 26일, 주시경은 저녁을 먹고 만주로 떠날 짐을 챙기고 있었다. 밤이 깊어지면서 주시경은 몸에 이상이 오는 것을 느꼈다. 배가 아파 오기 시작하는 것이다.

'무슨 일이지? 저녁 먹은 것이 얹혔나?'

시간이 갈수록 배는 점점 더 아파 왔다.

"여보, 왜 그러세요? 어디 아프세요?"

부인이 놀란 얼굴로 물었다.

"글쎄, 배가 좀 아프네."

"배가요? 저녁 드신 게 잘못 되었을까요?"

부인은 걱정스러워하며 어쩔 줄을 몰랐다.

"으윽! 아이구 배야!"

주시경은 자꾸 아파 오는 배를 움켜쥐고 어쩔 줄을 몰라했다.

"어머, 이거 안 되겠네. 병원에 가 봐야겠어요. 어떻게 하지?"

"좀 기다려 보오. 이러다 괜찮아지겠지 뭘."

하지만 배는 점점 더 아파 왔다. 마침내 주시경은 배를 움켜쥐고 뒹굴었다. 밤은 깊어 벌써 자정을 넘었다. 이미 밖에는 인적이 끊겨 있었고, 더구나 인력거는 그림자조차 찾을 수 없었다. 주시경은 밤새도록 창자가 끊어지는 듯한 고통에 시달렸다.

"얘들아, 이러다 너희 아버지가 큰일 나겠다. 얼른 밖에 좀 나가 봐라. 인력거가 있으면 불러 와라!"

부인은 자녀들을 보며 발을 동동 굴렀다.

"예, 어머니."

맏아들인 세메는 밖으로 나가 길을 살폈다. 그러나 길에는 강아지 한 마리 보이지 않았다.

'우리 아버지 큰일 났네. 제발, 제발 인력거 좀 지나가거라!'

세메는 가슴을 졸이며 발을 동동 굴렀다.

이른 새벽이 되어서야 세메는 인력거를 불러 일본인 의사를 태워 왔다. 주시경은 물론 온 가족이 밤새도록 한잠도 못 잔 채 고통에 시달렸다.

"글쎄요, 음식에 체한 것 같스므니다. 시간이 지나면 괜찮아질 것이므니다."

일본인 의사는 별로 대수롭지 않은 듯 말했다. 주사를 맞은 주시경은 이내 깊은 잠에 빠져 들었다. 그제서야 가족들 모두는 한시름을 놓게 되었다.

그런데, 날이 샜는데도 주시경은 아직 깨어나지를 못하고 있었다. 오히려 숨소리가 가빠지고 있었다.

"솔메야, 아빠 숨소리가 이상하지 않니?"

"아버지, 아버지!"

"여보, 정신 차리세요. 왜 그러세요?"

부인은 남편인 주시경을 흔들어 깨웠다. 그러나 주시경은 가쁜 숨만 몰아쉴 뿐 깨어나지를 못하고 있었다.

"안 되겠다. 세메야, 다시 가서 의사 선생님을 좀 모셔 오너라. 다시 한 번 왕진을 와 달라고."

"네, 어머니."

세메가 후다닥 방문을 열고 뛰어나갔다. 길고도 무거운 시간이 소리 없이 흘러가고 있었다. 주시경의 숨소리는 점점 잦아들고 있었다.

"여보, 여보! 정신 차려요. 이러시면 안 돼요."

"아버지, 정신 차리세요."

가족들은 필사적으로 주시경을 흔들어 댔다. 그러나 주시경의 숨소리는 들리지 않았다. 가족들이 몸부림을 쳤다. 주시경은 말 한마디 남기지 못하고 할 일 많은 세상을 떠나고 말았다.

1914년 7월 27일 아침 6시, 주시경의 나이 이제 39살. 안타깝게도 민족의 큰 별이 떨어지는 순간이었다. 우리 민족의 큰 손실이 아닐 수 없었다.

14. 민족의 영원한 스승

　주시경을 잃은 그의 동지들과 제자들은 깊은 슬픔에 잠겼다. 더구나 방학 때라 많은 학생들이 시골의 고향으로 내려가 있어 스승의 죽음을 알지 못했다. 또한 주시경의 많은 동지들이 105인 사건으로 감옥에 갇혀 있었고, 또 해외로 망명해 간 동지들도 많아 그의 장례는 초라하기 짝이 없었다. 더구나 일본 경찰이 눈을 시퍼렇게 뜨고 감시하고 있는 때였으니 그의 장례를 성대하게 치를 수도 없었다. 그의 장례는 가족장으로 정말 쓸쓸하게 치러지고 말았다.

　돌이켜 보면 너무도 안타깝고 슬픈 일이었다. 주시경의 나이 이제 한창 일할 39세가 아니었던가. 우리말의 문법 기틀이 겨우 잡혀가고 있는 때였는데 그가 갑자기 세상을 떠나다니……. 정작 중요한 일들은 지금부터 시작을 해야 하는데 말이다. 이제 누가 일제와 맞서 싸우며 이 중요한 우리말 연구를 이어받아 계속 해 나갈 것인지 제자들은 앞길이 막막했다. 주시경이 갑자기 세상을 떠나고 보니 그가 온 힘을 쏟은 국어 운동과 우리말 연구가 얼마나 위대하고 큰 일이었는가를 새삼 깨닫게 된 것이었다. 그러기에 그의 동지들과 제자들은 넋을 잃을 수밖에 없었다.

　주시경은 짧은 세월을 살다 세상을 떠났지만 정말로 위대한 업적을 남겼다. 그가 아니었으면 우리 한글은 언제까지일지 모르나 계속 천대받고 있었을 것이다. 제 나라에서 제 나라의 글이 천대받는 일은 세계 어디에도 없는 일이었다. 더구나 일제의 식민지 아래서 누가 감히 민족 정신을 일깨우며 우리 한글을 연구하고 우리말 운동을 펴 나갈 수 있겠는가.

　그런 면에서 주시경은 하늘이 우리 민족에게 내린 분이었다. 그는 평생을 가난 속에 살면서 오직 우리말을 연구하고 펼치는 일에 대한 자부심과 긍지로 살았다. 그는 배우고 연구하여 얻은 지식을 민족에게 쏟아 부었다. 우리의 말과 글을 통해 올곧은 민족 정신을 학생들에게 심어 주었다.

　주시경은 많은 학교를 다니며 학생들에게 우리말을 가르쳤다. 많을 때는 일주일에 40시간을 가르친 적도 있었다. 이 학교에서 끝나면 저 학교로, 저 학교에서 끝나면 이 학교로 바쁘게 움직이다 보니 때로는 인력거를 대기시켜 놓고 다닌 때도 있었다.

　주시경은 양복을 입고 학생들 앞에 서는 일이 없었다. 언제나 두루마기 차림이었으며, 여름에는 도루마 두루마기를 입었다. 때로는 엷은 회색 바지 저고리에 조끼를 받쳐 입기도 했다.

　'양복이 싫어서 입지 않는 것은 아니다. 불편하더라도 바지 저고리를 입어야 하는 이유가 있다. 한복은 바로 우리 민족이 대대로 입어

온 옷이다. 이 한복 속에는 우리 민족의 얼과 정신이 담겨 있다. 이제 기울어 가는 나라를 다시 일으키기 위해서라도 우리는 그 정신을 놓아서는 안 된다. 한복은 마치 우리글과 같은 것이다.'

주시경이 한복을 입는 이유였다. 그때는 주시경뿐만 아니라 나라와 민족을 생각하는 분들은 그런 생각을 많이 갖고 한복을 입고 다녔다. 민족 지도자들의 옷차림은 이렇게 우리 얼을 꼿꼿이 심어 가는 정신의 상징이기도 했다.

주시경은 또한 모자도 총모자를 꼭 쓰고 다녔다. 총모자는 제주도에서 나는 말총으로 만든 것인데, 중절모 같기도 하고 맥고 모자 같기도 하여 그 당시 개화한 사람들의 상징처럼 여겼다. 그러나 여름에는 밀짚으로 만든 맥고 모자를 썼다. 신은 짚신을 많이 신었으나 양혜라고 부르는 구두를 신고 다니기도 했다. 양혜는 짚신이나 미투리보다 오래 신을 수 있어서 좋았는데, 선교사한테서 선물로 받은 것이었다. 이렇게 그는 매우 검소한 생활을 하며 살았다.

주시경이 살던 상동교회 옆의 집은 글자 그대로 오막살이 초가집이었다. 앞뒤가 다른 집에 꽉 막힌 집이었기에 대낮에도 촛불을 밝히지 않으면 책을 볼 수 없을 정도였다. 그런 집에서도 그는 아무 내색도 하지 않고 오직 우리말 연구와 학생들을 가르치는 일에만 정성을 쏟았다. 그러니 수입이 시원치 않은 그의 살림은 늘 쪼들릴 수밖에 없었다. 그때는 학교가 아직 정식으로 서지 못하였기 때문에 정해 놓은 봉급이 없었던 것이다.

　한때는 주시경도 돈을 벌어 보겠다고 항해술을 배우기도 하고, 측량 기술을 배운 적도 있었다. 그러나 그 길이 자기 갈 길이 아님을 안 주시경은 일찍 포기하고 말았다. 힘들고 어렵더라도 반드시 우리말 연구와 우리말 바로 쓰기 운동을 펼쳐야 한다고 생각했다. 그 길만이 자신이 나라와 민족을 위해 할 수 있는 큰 일이라고 믿었다. 우리의 말과 글을 지키는 것은 곧 나라를 지키는 것이라는 생각에서였다.

　그런 그가 한 번은 아우 시강과 다툰 적이 있었다. 1907년 12월, 일본은 고종의 셋째 아들인 11살 난 어린 황태자(영친왕)를 강제로 일본에 끌고 갔다. 말이 교육을 시켜 준다는 것이지 이는 인질로 잡아가는 것을 아는 사람은 알고 있었다. 앞으로 고종 황제를 협박하기 위해서 하는 일이었고, 또 하나는 일본식 교육을 시켜 현재 고종 이후에 황제가 되었을 때를 생각하기 위함이었다.

　그런데 이때 영친왕을 따라 일본에 가게 되는 사람들이 많았다. 주시경의 아우 시강도 따라가려고 준비하고 있었다.

"형님, 이번에 저도 따라가 일본을 둘러보고 올까 합니다."

"아우야, 가지 말아라. 이는 일본의 음모에 속한다. 저들의 속셈을 모르느냐? 저들은 지금 황태자를 인질로 잡아가는 것이다."

주시경은 말렸다.

"설령 저들이 그렇다 해도 지금 우리는 막을 길이 없지 않습니까? 나는 나대로 쫓아가서 새로운 문물을 배워 오고 싶습니다."

아우 시강은 뜻을 굽히지 않았다.

"사람이 눈앞의 것만 보고 행동하면 큰 일을 그르친다. 일본이 영친왕을 인질로 잡아가 우리 나라를 집어삼키려고 하는 짓인데, 네가 그런 일에 원하지 않더라도 끼어들게 되어 그 이름이라도 오르내리게 되면 너는 장차 이 나라를 팔아먹은 역적이 되지 않겠느냐? 그러니 그때는 너는 물론이고 우리 집안은 민족 앞에 어찌 고개를 들고 살 수 있으랴."

주시경은 시강에게 간절히 타일렀다. 그리하여 아우 시강은 일본에 따라가는 것을 포기하였다. 그 후 영친왕을 따라 일본에 갔던 사람들은 철저하게 일본식 교육을 받고 돌아와 일제의 앞잡이가 되었고, 민족에게는 역적이 되어 손가락질을 받게 되었으니 주시경의 예측은 틀림이 없었다.

또 한 번은 아우 시강과 민병위 두 사람이 법관을 기르는 곳에 들어가기 위해 시험을 치른 적이 있었다. 그러나 당시는 시험 성적보다도 높은 사람이나 아는 사람의 줄을 타고 뽑히는 옳지 않은 일들이 공공

연하게 있었다.

"형님, 좀 도와주십시오. 시험장에 한 번만이라도 얼굴을 비치면 시험관이 잘 봐줄 게 아닙니까? 어차피 다들 그런 식으로 하는데, 힘 좀 써 주십시오."

시강은 주시경을 찾아와 부탁을 하였다.

"쯔쯧, 어찌 그런 생각을 하느냐? 네가 앞으로 법관이 되겠다고 하면서 그런 마음을 갖고 법관이 된다면 어떻게 공정하게 법을 다루겠느냐? 법을 어긴 잘못한 사람도 안다고 봐줄 게 아니냐? 정말로 그런 식으로 법관을 뽑는다면 뭐가 잘못되어도 크게 잘못되었구나. 너는 그런 옳지 않은 방법으로 법관이 되려는 생각은 아예 꿈에도 갖지 말아라."

주시경은 한마디로 거절하고, 그런 일이 벌어지고 있다는 사실에 대해 한탄을 했다.

"알겠습니다, 형님. 제가 생각을 잘못했습니다."

시강은 뒤통수를 긁으며 돌아갔다.

주시경은 나중에 종교를 바꾸기는 하였으나 매우 독실한 기독교 신자였다. 그는 미국 북감리교회 교인인 여자 선교사 터틀과 가깝게 지내며 그에게 우리말과 글을 가르쳐 주고, 그도 영어를 배웠다. 그런가 하면 상동교회는 이화학당을 세운 스크랜턴 부인과 그의 아들인 의사 스크랜턴이 세운 교회였는데, 주시경은 이 교회에 다니고 있었다.

터틀 선교사는 주시경의 맏딸인 솔메를 수양딸로 삼겠다고 하였다.

그리고 솔메가 자라면 이화학당에 입학시켜 공부하게 한 다음, 미국에 유학시켜 훌륭한 인물로 만들겠다고 하였다. 어느덧 솔메가 소학교(초등학교)를 졸업하고 상급 학교에 갈 때가 되었다.

"아버지, 저는 터틀 선교사님이 말씀하신 대로 이화학당에 가서 공부하고 싶습니다."

솔메는 아버지께 자기 뜻을 밝혔다.

"그러지 말아라. 박동에 있는 명신여학교로 가거라."

주시경은 고개를 저었다. 솔메는 아버지의 말씀에 깜짝 놀랐다. 터틀 선교사와 가깝게 지내는 아버지라 쉽게 허락을 해 주실 줄 알았는데 의외였기 때문이다.

"아버지, 저는 이화학당에……."

"이화학당도 좋은 학교라는 것을 안다. 그러나 우리 나라 사람은 우리 학교에서 공부를 하며 우리 것을 배워야 한다."

주시경은 딱 잘라 말했다. 명신여학교는 황실에서 세운 학교였는데, 주시경은 이곳에서 솔메에게 우리 고유의 전통적인 여성 교육을 받게 하고 싶었던 것이다. 아버지의 뜻을 아는 솔메는 더 이상 조르지를 못했다.

이 소식을 들은 터틀 선교사가 어느 날 주시경을 만나게 되었다.

"주시경 선생, 이럴 수가 있습니까? 솔메를 우리 학교에 입학시켜 미국 유학까지 보내 준다고 했는데 어째서 명신여학교에 보냈습니까?"

터틀 선교사는 따지듯이 물었다.

"미안합니다. 그러나 저는 이화학당에 보낼 수가 없습니다. 우리 것을 배우기 위해서는 명신여학교가 더 낫다고 생각했습니다."

주시경은 고개를 숙이고 자리를 물러났다.

"주시경 선생, 주시경 선생!"

터틀 선교사의 부르는 소리를 뒤로 한 채 주시경은 돌아보지도 않고 나왔다. 이 일이 있은 후 주시경과 터틀 선교사와의 사이는 서먹해졌다. 이때 주시경은 이화학당에 교사로도 있었는데, 더 머물러 있을 수가 없어 물러나고 다른 사람을 추천할 수밖에 없었다.

어느 해던가, 일본의 한 관리가 주시경을 찾아온 적이 있었다.

"주시경 선생, 계시므니까?"

"무슨 일로 찾아오셨소?"

주시경은 문을 열고 내다보며 물었다. 뭔가 또 트집을 잡으러 나타난 것이 틀림없었다. 그러니 주시경의 입장에서도 귀찮고 반갑지 않은 손님이었다.

"좀 들어가서 이야기 좀 나눌 수 있겠스므니까?"

일본 관리는 작정을 하고 안으로 들어왔다. 아무리 반갑지 않은 손님이라 해도 무작정 밀고 들어오는데 내쫓을 수는 없었다. 무례하기 짝이 없는 관리였지만 그렇다고 푸대접을 해 보내면 이보다 더 귀찮게 할 일이 있을지 모르니 막을 수도 없는 일이었다.

"정 그러시다면 누추하지만 들어오시오."

주시경은 그 관리를 안으로 들였다. 방에는 우리말 연구를 위해 펼쳐 놓은 자료들이 가득했다. 일본 관리는 방 안을 한 번 훑어보더니 앉으며 말했다.

"왜 이렇게 힘들게 살고 있스므니까? 한 나라의 국어를 연구한다는 대학자가 이렇게 가난하게 살아서 되겠스므니까? 선생, 그러지 말고 정부의 일을 하는 관리가 되시오. 이미 자리를 마련해 놓고 기다리고 있스므니다. 그러면 벼슬도 하게 되고, 좋은 집에서 잘살게 될 것이므니다."

일본 관리는 주시경을 꾀었다.

한두 번이 아니었다. 일제는 주시경이 한글을 연구하고 보급하는 일을 막아 보려고 협박도 해 보고, 또 구슬려 보기도 했다. 어떻게 해서든지 주시경을 자기네 편으로 끌어들여 한글 연구를 막고 이용해 보려는 속셈이었다. 그러나 주시경이 그들의 음흉한 흉계를 모를 리 없었다.

"다시 한 번 말씀드리지만 호의는 고마우나 거절하겠소이다. 내가 우리말, 우리글을 연구하고 가르치려는 것은 나 혼자 잘살아 보겠다는 생각에서 하는 일이 아니외다. 나는 이 일을 천직으로 알며 하는 것이오. 비록 지금보다 더 어렵고 가난하게 산다 하더라도 벼슬 같은 데는 생각이 전혀 없소."

주시경은 일본 관리의 유혹을 단호하게 뿌리쳤다. 그렇게 확실하게 말해 두지 않으면 저들은 시시때때로 찾아와 유혹의 손길을 자꾸 내밀 것이다. 그런 일은 있을 수 없는 일이며, 있어서도 안 될 일이었다.

언제나 가난하면서도 이에 굴하지 않고 한글 연구와 보급에 온 힘을 쏟은 주시경은 서울의 각 학교와 강습소를 돌아다니며 한글을 도맡아 가르쳤다. 당시 학교는 오늘날과 같이 재정이 탄탄한 학교가 없어서 주시경에게 주는 보수는 아주 적었고, 그나마도 몇 달씩 밀리는 경우가 많았다. 그렇지만 그는 그런 일로 한 번도 빠지거나 지각하는 일조차 없었다. 먹고 살기 위한 보수가 목적이 아니기 때문이다.

주시경은 스스로 한글을 연구하여 정리한 문법을 갖고 학생들에게 가르쳤다. 주시경보다 우리말 문법에 관한 책이 여러 해 전에 〈대한문전〉이라는 이름으로 유길준에 의해 발표된 적이 있었다. 그러나 우리말 소리에 대한 연구는 주시경에 의해 가장 세밀하게 연구되어 오늘날 국어 연구의 바탕이 되었다.

예를 들면 홀소리(모음) 'ㅑ'는 'ㅣ+ㅏ', 'ㅕ'는 'ㅣ+ㅓ', 'ㅛ'는 'ㅣ+ㅗ', 'ㅠ'는 'ㅣ+ㅜ', 'ㆍ'는 'ㅣ+ㅡ'의 겹소리(이중 모음)라고 했는데, 그 가운데 'ㆍ'를 'ㅣ+ㅡ'라고 한 것만 빼고는 지금까지 그대로 쓰고 있는 것만 봐도 그의 연구가 얼마나 정확하고 과학적이었나를 알 수 있다. 그뿐만 아니라 거센 소리인 'ㅋ'을 'ㄱ+ㅎ'(또는 ㅎ+ㄱ), 'ㅊ'을 'ㅈ+ㅎ'(또는 ㅎ+ㅈ), 'ㅌ'을 'ㄷ+ㅎ'(또는 ㅎ+ㄷ), 'ㅍ'을 'ㅂ+ㅎ'(또는 ㅎ+ㅂ)의 겹소리로 밝힌 것이나, 당시 된소리 표기를 'ㅺ, ㅼ, ㅽ, ㅾ' 등과 같이 'ㅅ'을 왼쪽에 붙여 쓰던 것을 'ㄲ, ㄸ, ㅃ, ㅉ'과 같이 쌍으로 고치어 쓰도록 했는데, 오늘날도 주시경이 연구한 것을 그대로 쓰고 있는 것이다.

또한 낱말을 가를 때 오늘날 어간(뜻을 지닌 말)과 어미(뜻이 없는 말)로 나누는 방법도 당시 주시경에 의해 연구된 것이다. 예를 들면 '먹다'라는 말에서 '먹ㅡ'은 뜻을 가진 말이요, 그 뒤에 붙을 수 있는 말 'ㅡ고', 'ㅡ다', 'ㅡ으니', 'ㅡ고서' 등은 뜻이 없다고 본 것이다. 이렇게 해서 우리말 가르기를 구분해 놓았으니, 오늘날 많은 국어의 문법이 주시경에 의해 연구된 내용을 이어받아서 쓰고 있는 것이다.

젊은 시절, 그는 독립협회에서 일하며 정치 현실에 뛰어들어 보기도 하였다. 그러나, 주시경은 이내 자기의 갈 길을 깨달았다. 수백 년 동안 묻혀 왔던 우리말을 캐내어 써야 한다는 생각이었다. 제 나라 글을 버리고 남의 나라 글자인 한자를 고집하여 써 왔던 우리 국어의 현실이 아니었던가. 500년전에 세종 대왕이 백성들을 위하여 쉬운 한글을 만들어 냈지만 어리석게도 우리는 그것을 헌 고무신짝처럼 버린 채 돌아보지도 않았던 것이다.

말과 글에는 그 민족의 얼과 정신이 스며 있게 마련이다. 말과 글을 지키고 가꾸는 것은 곧 자기 나라를 지키고 가꾸는 것이다. 주시경이 일제의 감시와 방해 속에서도 한글을 연구하고 보급하려 했던 것은 바로 이 때문이었다.

주시경!

그는 진정으로 한글을 사랑하고 나라를 사랑했던 애국 지사였다. 좌절과 절망 속에 빠져 있던 일제 치하의 젊은이들에게 한글 보급을 통해 민족 정신을 불어넣어 주려 하였던 주시경. 그는 어두웠던 우리의 언어 현실에 홀로 우뚝 선 등대가 되었다.

그러나 안타깝게도 주시경은 39세의 젊은 나이로 갑작스레 세상을 떠나고 말았다. 39세면 한창 힘을 쏟아 일할 나이가 아니었던가. 그가 좀더 오래 살았더라면 얼마나 좋았을까?

한글 발전의 터전을 닦아 놓은 주시경. 그는 정말 우리 민족의 영원한 스승이었다.